취업 준비부터 면접 노하우, 두고두고 보는 개발자 상식까지!

나, 개발자로 100명 취업시켰다

AI금융소프트웨어과 교수 **김규석** 지음

이지스퍼블리싱

Do it! IT 교양 시리즈 ②

나, 개발자로 100명 취업시켰다

초판 발행 • 2024년 4월 30일

지은이 • 김규석
펴낸이 • 이지연
펴낸곳 • 이지스퍼블리싱(주)
출판사 등록번호 • 제313-2010-123호
주소 • 서울특별시 마포구 잔다리로 109 이지스빌딩 4층
대표전화 • 02-325-1722 | **팩스** • 02-326-1723
홈페이지 • www.easyspub.co.kr | **페이스북** • www.facebook.com/easyspub
Do it! **스터디룸 카페** • cafe.naver.com/doitstudyroom | **인스타그램** • instagram.com/easyspub_it

총괄 • 최윤미 | **기획 및 책임편집** • 임승빈 | **IT 1팀** • 임승빈, 이수경, 지수민
교정교열 • 박명희 | **표지 및 본문 디자인** • 트인글터 | **삽화** • 김나연 | **인쇄** • 보광문화사
마케팅 • 박정현, 한송이, 이나리 | **독자지원** • 박애림, 오경신
영업 및 교재 문의 • 이주동, 김요한(support@easyspub.co.kr)

ISBN 979-11-6303-580-0 13000
가격 16,800원

개발자 출신 교수에게 직접 듣는 개발자 이야기!

연구＆개발 성향 검사(RDTI)로 내 개발자 유형을 파악하고

그에 맞는 학습 방법과 취업 로드맵을 알려 드립니다!

이 책, 이런 분이 읽으면 좋아요!

- 개발자로 취업하고 싶은 ICT 비전공자

- ICT 진로를 생각하는 중·고등학생

- 개발 관련 지식이 궁금한 취업 준비생

- ICT 기업으로 전업을 계획하는 직장인

- 내 개발 성향을 알고 싶은 개발자

- 직무를 바꾸고 싶은 현직 개발자

ICT 분야로 진출하려는
입문자, 비전공 취준생을 위한 길잡이가 되길 바랍니다!

제4차 산업혁명 시대를 맞아 소프트웨어 산업이 급격히 성장하면서 프로그램 개발자의 수요 또한 폭발적으로 증가하고 있습니다. 제가 근무했던 소프트웨어 연구소에서도 해마다 개발자 수백 명을 채용하는 것이 일상이었습니다. 이러한 현장 경험을 바탕으로 현재 대학에서 예비 개발자 학생들에게 프로그래밍 기초부터 빅데이터, 인공지능에 이르기까지 가르치고 있습니다.

이 책은 제4차 산업혁명 시대의 프로그램 개발자를 꿈꾸는 전공자와 비전공자 여러분을 위해 준비했습니다. 소프트웨어 개발 시장 현황과 각종 신기술 사례뿐만 아니라 RDTI(Research & Development Type Indicator)로 자신의 개발자 성향을 알아볼 수 있으며 4가지 유형에 맞춘 코딩 학습 방법까지도 소개합니다. 그리고 면접 준비 방법, 개발자들이 업무에서 사용하는 영어 회화, 개발자 상식 등 취업에 도움이 될 만한 내용도 정리했습니다. 또한 각 장 끝마다 수록한 비전공 출신 개발자 인터뷰는 여러분에게 좋은 길잡이가 되어 줄 것입니다.

특히 최근 인공지능(AI) 시대를 맞이해 개발자 역할의 변화도 예상되고 있습니다. 단순 반복 작업은 인공지능으로 자동화되겠지만, 높은 수준의 창의력과 분석력, 문제 해결력은 인간 개발자에게 여전히 필수일 것입니다. 이러한 미래 변화에 대비하여 독자 여러분의 고유한 강점을 기를 수 있는 방법까지도 책에 담았습니다.

이 책을 통해 예비 개발자 여러분이 시장 상황을 정확히 파악하고 자신의 성향에 맞는 더 적합한 길로 나아갈 수 있기를 바랍니다. 인터뷰에 협조해 준 제자들과 박연구 부장님께 감사드립니다. 아울러 이 책의 구성 아이디어를 제시해 준 이지스퍼블리싱 직원 여러분과 꼼꼼히 검토해 준 임승빈 편집자님께도 깊이 감사드립니다.

융합 개발자, 선생 김규석 드림

개발자가 되는 지름길,

진짜 이 책 한 권만 있으면 돼요!

제4차 산업혁명 시대, 프로그래머로 살아남기 위해서는 단순 코딩 실력만으로는 부족합니다. 창의력과 문제 해결력까지 갖춰야 하죠. 이 책에서는 ICT 산업의 전반적인 흐름과 개발자가 되는 빠른 학습 방법, 취업 노하우까지 자세히 소개합니다. 게다가 실무에서 쓰는 개발자 영어, 상식뿐만 아니라 다양한 기업과 기관에서 활약하는 개발자들의 생생한 경험담이 담겨 있습니다. 개발자로 취업을 희망하는 사람뿐만 아니라, 경력 개발자에게도 도움이 될 내용으로 가득차 있습니다.

• **이준** 한국과학기술정보연구원(KISTI) 융합보안연구팀

이 책의 가장 큰 장점은 저자가 개발한 RDTI(연구&개발 성향 검사)를 통해 자신의 개발자 성향을 객관적으로 파악할 수 있다는 것입니다. RDTI 검사 결과를 바탕으로 독자들은 자신에게 가장 잘 맞는 개발 분야와 진로를 합리적으로 선택할 수 있습니다. 또한 개발자로서의 강점과 약점이 명확히 진단되므로, 체계적이고 효율적인 성장 계획도 수립할 수 있습니다.

• **김태원** 현대자동차 차량SW담당 책임연구원

개발자로 성장하고자 하는 분들에 대한 걱정을 진심으로 이해하고 돕고자 하는 김규석 저자의 마음이 돋보입니다. 저자는 전략과 기술 정보뿐만 아니라, 개발자로서 가져야 할 올바른 자세와 마인드셋의 중요성을 깊이 강조하며, 자신의 경험과 노하우를 아낌없이 공유하여 독자의 잠재력을 믿고 응원합니다. 이 책을 통해 독자들은 지식 습득을 넘어 개발자로서의 생활에 대한 새로운 통찰을 얻을 수 있을 것입니다. 이 책은 일반적인 기술서와 달리, 개발자로 성장하고자 하는 분들에게 큰 영감을 줄 것입니다.

• **강정윤** 연세대학교 치위생학과 교수

차례

04

자고 일어나면 생겨나는
ICT 신기술 이해는 필수!

온라인 독자 설문

오른쪽 QR코드를 스마트폰의 카메라 기능으로 사진을 찍어 여러분의 의견을 남겨 주세요. 독자 여러분의 칭찬과 격려는 큰 힘이 됩니다. 더 좋은 책을 만들도록 노력하겠습니다.

의견을 남겨 주신 분께 드리는 혜택 6가지!

❶ 추첨을 통해 소정의 선물 증정   ❷ 이 책의 업데이트 정보 및 개정 안내

❸ 저자가 보내는 새로운 소식   ❹ 출간될 도서의 베타테스트 참여 기회

❺ 출판사 이벤트 소식   ❻ 이지스 소식지 구독 기회

인스타그램 팔로우하면 이벤트 소식 확인!

instagram.com/easyspub_it

이지스 유튜브 구독하면 IT 강의 무료 수강!

youtube.com/easyspub

일러두기

- 이 책은 각 화면에서 사용하는 용어를 기준으로 표기했습니다.

- 이 책에서 사용하는 RDTI, SCL, SPA는 저자가 직접 만든 진단 검사 및 해석입니다.
  (특허 출원 번호: 40-2024-0060203)

- 지면 관계로 출처는 [부록]에 한꺼번에 모았습니다.

- 이 책 내용 가운데 궁금한 점이 있다면 Do it! 스터디룸(cafe.naver.com/doitstudyroom)이나 저자의 이메일(kyuseokworld@gmail.com)로 질문을 보내 주세요.

들어가며

ICBM + AI 시대를 준비하는
개발자를 위해!

안녕하세요! 한국폴리텍대학에서 교수로 일하며 학생을 가르치고 있는 김규석이라고 합니다. 학생 대부분은 IT 비전공자이지만 개발자로 취업할 수 있도록 옆에서 도운 경험을 나누고 싶어서 이 책을 집필하게 되었습니다.

이 책을 펼친 분들에게 ICT 분야는 전공자들만의 것이 아니라는 것을 먼저 말씀드리고 싶습니다. 책을 차근차근 읽어 가면서 ICT 분야에 흥미를 느끼고, 스스로 자신의 개발 성향과 진로를 찾는 데 도움을 드리고 싶습니다.

본격적으로 들어가기 전에 ICT 기술 중 전 세계를 주도해 나가는 ICBM + AI를 살펴보겠습니다. ICBM + AI는 제4차 산업혁명 시대의 핵심 키워드입니다.

지금 우리는 '제4차 산업혁명 시대에 살고 있다'고 합니다. 어느 순간 산업혁명 시대를 4차까지 구분하게 되었는데요. 이제 각종 ICT 기기와 서비스 없이 살아간다는 건 상상조차 할 수 없는 시대가 되었습니다.

ICT(information and communication technology)란 IT(information technology)에 CT(communication technology)를 더한 개념입니다. IT가 인터넷과 스마트폰, 모바일 디바이스, 원격 제어 등 정보 전반을 다루는 기술이라면, ICT는 IT 기술에 커뮤니케이션(연결성)을 더해 강조한 것입니다.

그림 0-1 ICT의 개념

ICT (정보 통신 기술)	=	IT (정보 기술)	+	CT (통신 기술)

그러면 인류 역사 가운데 사회·경제·문화 등을 아울러 획기적으로 바꾼 산업혁명 시대마다 어떻게 발전해 왔는지 살펴보고, 오늘날 ICT 기술이 주도하는 제4차 산업혁명 시대의 배경 기술과 우리의 역할을 잠깐 살펴보겠습니다.

ICT 기술이 주도하는 제4차 산업혁명 시대가 오기까지

18세기 말, 영국에서 증기 기관의 발명으로 생산력이 급격히 증가한 '기계화 혁명의 시대'를 '제1차 산업혁명'이라고 할 수 있습니다. 그전 시대에는 농사 또는 수공업을 했다면, 이때부터는 공장을 세우고 증기 기관을 기반으로 제품을 생산하기 시작했습니다. 이 시대의 핵심 산업은 면방직이었습니다.

19세기 말, 독일과 미국의 주도로 공장에서는 전기와 모터를 적용한 컨베이어 벨트가 돌아가기 시작하고 좀 더 고차원적인 산업이 발달하기 시작합니다. 이 시대의 핵심 산업은 자동차, 중화학, 철강 등이었으며 가히 혁명적이라 할 수 있을 만큼 대량 생산을 할 수 있어 '제2차 산업혁명'이라고 합니다.

20세기 중·후반에 와서는 컴퓨터를 기반으로 정보화 그리고 자동화 시대가 펼쳐집니다. 인터넷, 컴퓨터, 반도체의 급격한 성장으로 그동안 사람이 하던 일을 자동화 기계가 대신하는데, 이는 21세기 초까지 이어집니다. 이렇게 우리는 최근까지도 '제3차 산업혁명' 시대를 경험했습니다.

그림 0-2 산업혁명의 발전 단계

이 시기를 제2차 정보 혁명이라고도 해요.

제1차 산업혁명
(18세기)
증기 기관에 기반한 기계화 혁명

제2차 산업혁명
(19~20세기 초)
전기 에너지에 기반한 대량 생산 혁명

제3차 산업혁명
(20세기 후반)
컴퓨터, 인터넷에 기반한 지식 정보 혁명

제4차 산업혁명
(21세기 초반)
빅데이터, AI, IoT 등의 정보 기술에 기반한 초연결 혁명

그러면 제4차 산업혁명은 어떻게 정의할 수 있을까요? 이미 20세기 후반부터 우리는 IT 또는 ICT 시대라는 말을 들어 왔습니다. 제3차 산업혁명 시대에는 사람이 컴퓨터와 휴대전화 등의 IT 기기를 다루는 데 지나지 않았다면, 제4차 산업혁명 시대에는 사람과 사람, 사람과 사물 그리고 사물과 사물 간에 커뮤니케이션을 하는 ICT 기술 중심의 초연결 사회가 되었습니다.

과거에 영화에서나 나오던 자율 주행 자동차, 하늘을 나는 운송 수단, 인공지능 로봇 등 ICT에 기반한 기술 가운데 일부는 현재도 상용화되어 활용되고 있습니다. 그리고 앞으로는 이 기술들이 더 진보된 형태로 발전해 나갈 것입니다. 로봇을 예로 들면 기존에는 학습된 업무나 작업만 수행했다면, 미래에는 로봇 스스로 외부 환경을 스스로 인식하고 상황을 판단하며 인간과 흡사하

게 생각·행동하는 형태가 될 것입니다. 최근 열풍이 불었던 챗GPT가 기술 진보의 결과물이라고도 볼 수 있습니다. 마치 사람이 대답해 주는 것처럼 스스로 답을 찾고 알려 주는 AI 기술이죠. 이후 미래엔 또 어떻게 발전할지 기대됩니다.

제4차 산업혁명 시대를 관통하는 5가지 키워드, 그 중심 역할은 개발자!

앞에서 살펴본 대로, 제4차 산업혁명 시대를 살아가는 우리의 일상도 겹치는 부분이 많을 것입니다. 이와 관련된 기술은 크게 5가지로 정리할 수 있습니다. 바로 사물 인터넷(internet of things, IoT), 클라우드 서비스(cloud service), 빅데이터(big data), 모바일(mobile), 그리고 인공지능(artificial intelligence, AI)입니다. 이 5가지 기술의 영어 첫 글자를 따서 ICBM + AI라고 합니다.

▶ ICBM + AI와 관련한 내용은 04장에서 자세히 살펴보겠습니다.

그림 0-3 제4차 산업혁명 시대의 5가지 기술

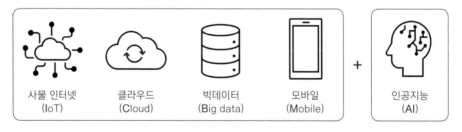

사물 인터넷
(IoT)

클라우드
(Cloud)

빅데이터
(Big data)

모바일
(Mobile)

+

인공지능
(AI)

이 5가지 기술을 모두 관통하는 직업은 바로 '개발자'입니다. 제4차 산업혁명의 주요한 직종이 바로 개발자라는 뜻이지요. 그래서 저는 지금 이 시대를 '개발자 시대'라고 생각합니다. 이를 방증하듯 우리나라의 일자리만 보더라도 개발자를 향한 뜨거운 관심이 어느 정도인지 알 수 있습니다.

'개발자' 일자리는 얼마나 될까요?

2024년 2월 13일, 사람인, 잡코리아, 워크넷 등 취업 정보 플랫폼 웹 사이트에서 '개발자'로 검색한 전체 채용 공고 수는 14,765건이며, 그 가운데 신입/경력 무관은 4,578건으로 약 31.01%를 차지합니다. 플랫폼별 채용 공고 수는 각각 5,064건, 8,531건, 1,170건이며, 그 가운데 신입/경력 무관은 각각 1,525건, 2,507건, 546건으로 29~46%를 보였습니다.

그림 0-4 취업 정보 플랫폼에서 '개발자'로 검색한 채용 공고 수(2024년 2월 기준)

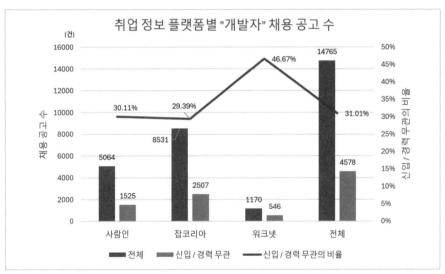

이렇듯 ICT 개발자는 신입/경력 상관없이 수요가 많으므로 관련 학과를 전공하지 않아도 도전할 수 있습니다.

최근 국내 대학 ICT 융합학과 관련 내용이 궁금하다면 01-1절을 참고하세요.

개발자는 어떤 일을 할까요?

IT 관련 학과를 전공하지 않았지만 개발자 자질을 충분히 갖춘 김융합 대리가 업무를 어떻게 처리하는지 예를 들어 살펴보겠습니다.

이지스전자 인사 팀에서 일하는 김융합 대리는 주간 미팅에서 명절을 맞아 모든 직원에게 교통비에 10만 원을 추가하여 지급할 수 있도록 비용을 산출하는 업무를 맡았습니다. 단, 교통비는 KTX 요금에 준하여 왕복으로 제공합니다. 직원이 적으면 데이터를 직접 모아 처리하면 되겠지만 이지스전자는 임직원이 3,000명에 이르니 프로그래밍해서 처리하는 게 좋겠죠? 그런데 외부 전산 시스템 개발 업체에 맡기면 배보다 배꼽이 더 커질 수 있으니, 김 대리는 간단한 프로그래밍은 직접 만드는 게 경제적이고 효율적일 것이라 판단했습니다.

그래서 김융합 대리는 주말마다 틈틈이 배운 파이썬 코딩 강의 내용을 활용하여 다음 3단계로 작업 계획을 세웠습니다.

그림 0-5 프로그램 개발 작업 계획

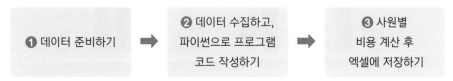

- **파이썬**: 파이썬은 널리 사용되는 고급 프로그래밍 언어입니다. 간단하고 읽기 쉬운 문법으로 인기가 많으며 웹 개발, 데이터 분석, 인공지능 등 다양한 분야에서 사용됩니다.
- **코딩**: 프로그래밍 언어를 사용하여 컴퓨터에게 명령을 내리는 과정입니다. 프로그래밍 언어를 통해 컴퓨터가 특정 작업을 수행하도록 지시하는 것이 코딩의 핵심입니다. 코딩은 소프트웨어 개발, 웹 페이지 제작, 앱 개발 등 다양한 분야에서 이루어집니다.

❶ 데이터 준비하기

임직원의 고향 주소를 시군구 단위로 취합하기 위해 회사 내부 시스템에 공유 파일을 올려놓고 사원 모두 각자 입력하도록 합니다.

❷ 데이터 수집하고, 파이썬으로 프로그램 코드 작성하기

출발지는 임직원의 자택 주소로, 도착지는 고향 주소로 설정한 뒤, 각각 가장 가까운 KTX 역을 지도 앱에서 검색하여 수집합니다. 이 값을 KTX 운임표에 자동으로 입력하여 가격을 수집합니다.

김융합 대리가 파이썬으로 작성한 프로그램 코드를 살펴봅시다. 코딩을 전혀 모르는 초보자에겐 조금 어려워 보일 수도 있지만, 사실 알고 나면 정말 간단한 코드입니다.

그림 0-6 파이썬 코드 예시

```
Import pandas as pd

df = pd.read_csv('info.csv', encoding = 'cp949')

for i in range(0, len(df)):
  department = df.loc[i][0]
  name = df.loc[i][1]
  departure = df.loc[i][2]
  arrival = df.loc[i][3]
# 아래 getTrainFee() 함수는 이해를 돕기 위해 미리 만들어 둔 것 ← 주석
  trainFee = getTrainFee(departure, arrival)
  print(department, name, departure, arrival, trainFee)
```

주석은 코드를 작성할 때 개발자들끼리 서로 알아보기 쉽게 입력하는 것입니다. 프로그램을 실행하는 데는 아무 영향을 미치지 않습니다.

❸ 사원별 비용 계산 후 엑셀에 저장하기

❷에서 수집한 교통비는 편도 요금이므로 그 값을 2배로 계산하고 10만 원을 추가한 뒤, 엑셀 파일을 이용하여 부서와 이름 옆에 금액을 기입하여 저장합니다. 계산식은 다음과 같습니다.

그림 0-7 지급 금액 계산식

| 개인별 명절 보너스 액수 | = | (교통비 * 2) | + | 10만 원 |

프로그래밍으로 작업을 마치니, 수기로 데이터를 수집하고 계산하는 것보다 훨씬 빨랐습니다. 김 대리는 다음처럼 작업 시간을 1/3로 크게 줄일 수 있었습니다.

표 0-1 손으로 직접 또는 프로그램으로 직원 자료 수집한 시간 비교

수기로 직원 자료를 수집할 때	프로그램으로 직원 자료를 수집할 때
• 기준: 1분에 직원 2명의 자료 수집 • 직원 3,000명 / 120명(1시간) = 25시간	• 프로그램 코딩: 5시간 • 프로그램 실행: 3시간
총 25시간 필요함	총 8시간 필요함

다음에도 이와 같은 일을 반복해야 한다면 프로그램을 실행하는 3시간만 필요할 것입니다. 직원 변경 사항이 생기더라도 프로그램을 수정하는 시간만 추가하면 됩니다.

방금 설명한 김융합 대리의 예시가 바로 개발자의 직무 가운데 하나입니다. 문제 인식 → 프로그래밍 → 결과물 도출 순으로 진행했죠. 현업 개발자도 이렇게 일합니다. 어때요? 개발자란 직업에 호감이 더 생겼나요?

프로그램 개발은 우리 일상생활과 밀접하게 관련되어 있어요!

궁금해하는 분을 위해 미리 준비했어요! — 개발자 취업 관련 FAQ 15개

교육부와 한국직업능력연구원에서 발표한 자료에 따르면, 2023년 중·고등
학생의 희망 직업 5위 안에 소프트웨어 개발자가 포함되어 있는 것으로 보아,
최근 들어 많은 청소년들이 소프트웨어 개발자라는 길을 생각하고 있습니다.
그렇지만 직업인으로서 개발자가 되려면 어떤 것을 어떻게 준비해야 하는지,
개발 분야 가운데 자신은 어느 쪽에 맞을지, 또 어느 회사에 취업해야 할지,
연봉 등 궁금한 게 많을 것입니다.

제가 근무하는 한국폴리텍대학의 비전공자 학생들 대부분이 입학 시점부터
자주 질문하는 내용과 답변(FAQ) 15개를 준비했습니다. 또한 답변에 관한
자세한 이야기는 책 본문에서 다루고 있으니, 질문을 빠르게 해결하고 싶다면
안내(◉)한 곳으로 이동해 먼저 읽어 보세요!

 비전공자인데 개발 일을 잘 할 수 있을까요?

 Yes!
제가 근무하는 학과는 비전공자가 90%에 육박합니다. 실제로 많은 교육 기관에서 비전공자,
전공자를 구분하지 않고 IT 교육을 진행해서 개발자로 양성해 취업을 추천하고 있습니다. 이
책에 실제로 저희 학과 졸업생 인터뷰 사례가 있으니 확인해 보세요.

◉ 각 장 마지막의 '융합 개발자 인터뷰'를 확인하세요!

 수학 실력이 중요한가요?

 No!
코딩은 논리력이 가장 중요합니다. 수학 문제를 정확히 잘 풀고 못 푸는 이야기가 아닙니다.
코딩에서 논리력은 "A 조건에 맞춰 B를 실행하는 것이 적절한가?", "이 조건에 부합하지 않아
발생할 수 있는 예외 사항이 있는가?" 등을 하나씩 따지는 것입니다. 그래서 일반 4년제 대학
에서는 전자전기컴퓨터공학부로 모집하여 전자전기공학과와 컴퓨터공학과로 나닙니다. 컴퓨
터공학과는 이산수학과 같은 논리수학 중심이고, 전자전기공학과는 미적분학·공업수학과 같
은 실제 연산 중심으로 배웁니다.

◉ 각 장 마지막의 '융합 개발자 인터뷰'를 확인하세요!

이 책에서 소개하는 대로 RDTI를 진단해 봤는데 점수가 낮게 나왔어요. 괜찮을까요?

 Yes!
이 책에서 소개하는 RDTI는 참고용입니다. 자신의 성향을 파악하려고 검사해 본 것이며 이 점수가 절대적인 것은 아닙니다. 그리고 ICT 분야의 프로그래밍 언어 등을 습득하면서 자신의 성향이 바뀔 수도 있고, 더 개발되어 높아질 수도 있습니다.

　◐ 02-1절, 2절의 SCL, SPA 테스트와 02-3절의 진단 결과 해석을 확인하세요!

 영어를 잘해야 하나요?

 No!
제 경험으로 볼 때 개발에서 사용하는 영어는 매우 정형화되어 있습니다. 개발자라면 꼭 알아야 할 상황별 영어 회화를 03-6절에 정리해 놓았으니 참고하세요. 물론, 영어를 잘할수록 해외 엔지니어들과 소통할 때 더 유리한 것은 사실입니다. 취업을 희망하거나 근무하는 분야가 해외 사업, 해외 개발자들과 협업을 진행하는지 여부에 따라서도 차이가 있습니다.

　◐ 03-6절의 '개발자 영어 회화' 부분을 확인하세요!

 개발자들은 야근을 많이 한다던데, 맞나요?

 Depends on the case!
그것은 자신이 하기 나름입니다. 또, 기업마다, 팀마다도 다릅니다. 실제로 제가 사회생활을 시작했던 2011년 무렵에는 주 52시간 근무제가 없었기에 야근이 적지 않았습니다.
그러나 야근을 하면서 배우는 것도 있고 실력을 키워 나갈 수 있어서 그다지 힘들지 않았습니다. 그렇게 기술을 습득해서 실력이 향상되면 이후 같은 업무를 하더라도 근무 시간은 자연스럽게 줄어들 테니까요.

 학벌이 중요할까요?

 No!
학벌은 크게 중요하지 않다고 생각합니다. 앞에서도 설명했듯이 빅테크 기업들은 블라인드 채용도 진행하고 있습니다. 서류만 보는 것이 아니라 코딩 테스트 등을 통해 지원자의 실력을 철저하게 보겠다는 것입니다. 이러한 문화는 빅테크 기업에만 국한된 것이 아닙니다.
실제로 중소기업들에서도 코딩 테스트나 관련 면접으로 실력을 검증하는 경우가 많습니다. 실력이 학벌을 뒤집을 수 있다고 봅니다.

　◐ 02-2절의 '코딩 적용 능력(SPA) 테스트'를 확인하세요!

대학 학점이 중요할까요?

 Depends on the case!
전공자로서 관련 과목의 학점은 실력을 입증하는 1차 자료입니다. 그러나 비전공자라면 프로그래밍 언어 등을 수강한 기록이 없거나 적으므로, 대학 성적으로 실력을 판단할 수는 없죠. 그래도 학점이 높다면 대학 생활의 성실성을 가늠할 수 있는 지표가 될 것입니다.

  ◐ 03-4절의 '포트폴리오 작성 요령'을 참고하세요!

 집에서 유튜브, 교재 등으로 독학하는 방법은 어떤가요?

 Depends on the case!
오프라인으로 학습하는 것이 무조건 좋다고 말하기는 어렵습니다. 하지만 프로그래밍은 암기해야 하는 부분은 아주 적고, 논리와 창의를 발휘해야 하는 것이 핵심 요소입니다. 그래서 입문자라면 오프라인으로 선생님이나 주변 학생들과 소통하고 고민하며 프로그래밍 언어를 최소한 한두 개 학습하기를 추천합니다. 그러고 나서 추가로 알아야 할 기술은 독학하는 것도 괜찮다고 생각합니다.

  ◐ 03-1절의 '코딩 공부 방법' 부분을 확인하세요!

 포트폴리오가 중요한가요?

 Yes!
개발자는 기술직입니다. ICT 전공자라면 기업에서도 프로그래밍 과목의 성적으로 지원자의 실력을 어느 정도 가늠해 볼 수 있습니다. 그러나 기업체 채용 실무 담당자에게는 창의력과 논리력이 요구되는 포트폴리오에 눈이 더 가기 마련입니다. 실제로 저희 학과에서도 포트폴리오를 강조합니다. C, 자바 등의 성적이 A0, A+라고 하더라도 실무에 가까운 것은 포트폴리오이니까요. 포트폴리오에 포함된 내용이 지원자의 수준과 실력을 훨씬 더 가시적으로 파악할 수 있기 때문입니다.

  ◐ 03-4절의 '포트폴리오 작성 요령'을 참고하세요!

 코딩할 때 PC 성능이 중요한가요?

 No!
입문자, 초급자 수준에서 학습할 기본 코딩에서는 고용량, 고화질의 그래픽 작업을 하지 않습니다. 실제로 워드, 엑셀 등의 문서 작업용 노트북 PC 정도 사양으로도 충분합니다. 적어도 C, C++, 자바를 비롯한 웹 개발 분야라면 이 정도 수준이라고 말씀드릴 수 있습니다.

프로그램을 개발할 때 챗GPT를 활용하면 좋을 것 같은데, 어떤가요?

 Depends on the case!
챗GPT는 대화의 문맥을 이해하고, 심지어 소스 코드를 입력한 후 특정 질문을 하면 그와 관련한 개선 사항을 조언해 줄뿐만 아니라 직접 구현해 주기도 합니다. 챗GPT는 어떻게 보면 코딩 선생님이라고 할 수도 있습니다. 그러나 챗GPT는 사람이 아니라 인공지능에 기반한 챗봇이기에 제공하는 정보가 100% 정확한 것은 아닙니다. 그래서 저는 학생들에게 프로그래밍 언어를 처음 배우는 입문 시기에는 될 수 있는 한 챗GPT 사용을 자제하는 방향으로 안내합니다. 프로그래밍 언어를 다루는 기술이 어느 수준까지 도달한 상태에서 더 나은 방법을 찾고 싶을 때 챗GPT를 활용하는 것은 괜찮다고 생각합니다.

 ◐ 01-4절의 개발자 직무에서 '개발' 부분과 04-9절을 확인하세요!

 챗GPT가 개발자 시장을 줄이지 않을까요?

 Depends on the case!
학생들한테 많이 받는 질문인데, 너무나도 개인적으로 답할 수밖에 없어서 조심스럽습니다. 그래서 저는 이렇게 대답합니다. "인공지능 기술 사용자가 아니라 인공지능 기술 프로그램을 만드는 개발자가 되세요!"

 ◐ 01-1절, 2절의 '개발자 현황'을 확인하세요!

 학력이 중요할까요?

 No!
최근 들어 개발자 품귀 현상이 심화되면서 학력 기준도 많이 내려간 것으로 보입니다. 실제로 관련 전공 학사 학위 이상 졸업자만 뽑았던 기업들도 전공 요건을 제거하거나 2년제로 낮춘 경우도 많아졌습니다. 또, 앞에서 말씀드렸던 빅테크 기업은 학력 기준 자체가 없기도 합니다.

 ◐ 01-1절의 '개발자 현황'을 확인하세요!

 융합 전공자의 전 전공이 중요할까요?

 Depends on the case!
실제로 저희 학과 학생들 가운데 경제, 경영, 금융 등 상경계열 융합 전공자는 금융 ICT 기업으로 많이 진출하고 있습니다. 또, 수학, 통계 등의 순수과학 융합 전공자는 논리력을 기반으로 솔루션을 개발하는 ICT 기업으로도 진출하고 있습니다.

 ◐ 03-1절의 '비전공자의 코딩 공부 방법' 부분을 확인하세요!

융합 전공자도 대기업에 취업할 수 있을까요?

Depends on the case!
물론 가능합니다. 그러나 항상 자신이 하기 나름이라는 전제 조건을 붙여야 할 것 같습니다. 제가 대학으로 옮기고서 만난 제자들 중에서 융합 전공 개발자로 취업한 2명이 떠오릅니다. 1명은 디자인 분야를 전공했는데 코딩을 배우고 싶어 저희 학과에서 약 1년간 공부했습니다. 졸업한 후 ICT 중견 기업에 취업했으며, 최근 대기업의 계열사로 이직했다는 연락을 받았습니다. 또 다른 학생은 인문학 분야를 전공했는데 코딩을 배우고 싶어 저희 학과에서 1년간 공부했습니다. 졸업한 후 금융 ICT 중견 기업에 취업했으며, 최근 빅테크 기업의 계열사로 이직했다고 합니다.
융합 전공자들이 대기업에 입사하는 것은 만만치 않습니다. 사실 대기업 입사를 희망하는 ICT 주 전공자들이 많아서 상대적으로 짧은 시간에 코딩 실력을 갖춘 융합 전공자로서 4년 이상 공부한 학생들을 뛰어넘기는 쉽지 않기 때문입니다. 하지만 최신 사례로 앞에서 소개한 두 제자처럼 경력을 쌓아 이직하는 경우는 제 주변에서 종종 사례가 들려오고 있습니다. 불가능이란 없습니다. 도전하세요! "Nothing is impossible."

○ 03-2절의 '스펙 준비'를 확인하세요!

지금까지 ICT 개발자로 진출하고 싶어 하는 비전공자들이 궁금해하는 질문 15가지를 간단히 알아보았습니다. 이어 02장에서는 나의 개발 성향을 분석해 보고, 03장에서는 ICT 분야로 진출하는 데 필요한 스펙 쌓는 방법을 구체적으로 소개하겠습니다.

개발자로 진출할 계획이라면 ICT 신기술도 알아야겠죠? 그래서 04장에는 ICT 개발자를 위한 기술 관련 지식과 기초 상식까지 담았습니다. 저만 믿고 이 책을 끝까지 완독해 보세요. 진짜 '개발자'가 될 수 있다니까요!

이제 본격적으로
시작해 볼까요?

01

개발자가 되고 싶은데,
정보가 없어요!

이 장에서는 전공자든 비전공자든 직업인으로서 개발자를 계획하는 분을 위해 알아 두면 좋을 기본 지식을 소개합니다. 그동안 필자가 직접 경험한 것과 대학에서 예비 ICT 융합 개발자를 희망하는 학생들로부터 가장 많이 받은 질문을 중심으로 정리했습니다.

01-1

컴공과가 아닌데
개발자를 해도 될까요?

비전공자이지만 개발자가 되고 싶다고 생각해 본 적이 있다면 '컴퓨터공학을 전공하지도 않았는데 개발자를 할 수 있을까요?'라고 질문하는 게 당연합니다. 코딩, 프로그래밍을 컴퓨터공학과(이하 줄여서 컴공과)의 전유물로 생각하는 사람들이 대다수죠. 하지만 예전과 달리 요즈음은 컴공과 출신이 아니어도 코딩하는 사람들이 많습니다. 이미 대학에서도 교양이나 전공 선택으로 기초 프로그래밍 과목을 개설해서 많은 학생들이 수강하고 있습니다.

이번 절에서는 최근 소프트웨어(software, SW) 산업의 추세를 살펴보면서 비전공자이지만 사회 곳곳에서 개발자의 길을 갈 수 있는 다양한 방법 가운데 대학의 ICT 관련 융합 학과를 소개하겠습니다.

> ICT 분야로 진출하는 데 필요한 구체적인 준비 방법은 03장에서 자세히 소개합니다.

개발자 수요가 늘면서 ICT 융합학과도 늘어나고 있어요!

요즘 들어 주위에서 '프로그램 개발자가 되었다'라는 이야기가 종종 들려옵니다. 반짝 유행이나 일시적인 현상이 아니라 다음 고용노동부 자료처럼 실제로 현재 국내 프로그램 개발자는 공급 부족 현상을 겪고 있기 때문이죠. 그래서 이러한 수요를 예측한 국가에서는 다양한 소프트웨어 교육으로 비전공자, 융합 전공자 출신 개발자 양성에 나서고 있습니다.

2023년 고용노동부 자료에 따르면 4대 신기술 분야 중 2개를 ICT 분야인 인공지능·빅데이터로 꼽고 있는데, 이는 인력 수요와 공급 통계를 보면 잘 알 수 있습니다. 2023년부터 2027년까지 인공지능과 빅데이터 분야의 공급 인력 부족 현상이 각각 12,800명과 19,600명일 것으로 예상하고 있습니다.

▶ 4대 신기술이란 AI, 빅데이터, 클라우드, 나노를 뜻합니다.

표 1-1 국내 주요 신기술 분야의 인력 수급 전망(2023~2027년)

① 인공지능(AI) 분야 (단위: 명)

수요			공급					수급 차		
				정부·민간		대학				
계	초·중급	고급	계	초·중급	고급	초·중급	고급	계	초·중급	고급
66,100	44,600	21,500	53,300	46,200	4,000	2,200	900	-12,800	3,800	-16,600

② 빅데이터 분야 (단위: 명)

수요			공급					수급 차		
				정부·민간		대학				
계	초·중급	고급	계	초·중급	고급	초·중급	고급	계	초·중급	고급
99,000	69,000	30,000	79,400	53,000	1,800	20,300	4,300	-19,600	4,300	-23,900

제4차 산업혁명 시대에 맞춰 국내 대학에서는 ICT 산업과 융합하는 전공을 신규로 개설하거나 기존 전공과 융합하는 전공 개편을 다수 진행하고 있습니다.

표 1-2 국내 고등 교육 기관의 연도별 융합학과 개설 현황(표준 분류 계열 소분류)   (단위: 개)

구분	2019년	2020년	2021년	2022년
정보·통신공학	66	88	93	82
응용소프트웨어공학	46	65	82	75
전산학·컴퓨터공학	41	59	68	75
기계공학	43	59	62	72
경영학	22	29	38	47
에너지공학	23	28	33	38
디자인	24	31	32	36
전자공학	15	26	34	35
생명과학	24	28	30	30
중등공학교육	0	28	29	30
인공지능공학	0	0	0	24
체육	10	14	16	22
사회복지학	5	12	15	21

* 2022년 기준 상위 13개 학과까지만 표시했습니다. 나머지 자료는 [부록]의 출처 모음을 확인하세요.

2022년까지 국내 대학에는 융합 전공이 총 1,392개 개설되었는데, 그중에서도 정보·통신공학이 82개, 응용소프트웨어공학과 전산학·컴퓨터공학이 각각 75개로 학과목 개설 순위 1~3위에 올랐습니다.

융합 전공 과목의 이름도 '인공지능', 'AI', '소프트웨어', 'IT' 등 ICT 관련 키워드를 포함하여 개설되고 있습니다. 2019년에는 ICT 관련 키워드를 포함한 융합 전공이 10개 미만이었는데 2020년부터 20개로 증가했습니다. 그리고 2021년부터는 이런 이름이 붙은 융합 전공 과목이 학과목 개설 순위 1~4위에 올랐습니다. 또한 융합 전공은 기계, 디자인 등 다양한 전공 과목과 융합되고 있습니다.

표 1-3 국내 고등 교육 기관의 연도별 융합학과, 융합 전공 현황 (단위: 개)

구분	2019년	2020년	2021년	2022년
AI융합교육전공	0	20	20	21
인공지능융합학과	1	7	9	14
소프트웨어융합학과	8	11	14	13
인공지능융합교육전공	0	10	10	11
융합디자인학과	6	8	8	9
IT융합학과	8	8	8	8
IT융합공학과	7	7	8	8
AI융합학과	0	1	3	8

* 2022년 기준 상위 8개 학과까지만 표시했습니다. 나머지 자료는 [부록]의 출처 모음을 확인하세요.

알쏭달쏭 IT 용어 사전

- **소프트웨어**: 하드웨어(hardware, HW)와 반대되는 말로, 물리적인 형태가 없고 컴퓨터 안에서 운용되는 프로그램을 의미합니다.
- **IT(information technology)**: 인터넷, 휴대전화 등에 사용하는 정보 기술을 통틀어 이릅니다.
- **ICT(information communication technology)**: IT를 바탕으로 통신, 통합에 중점을 둔 정보 통신 기술입니다.

이렇게 다양한 학과에서 융합 교육을 하는 이유는 기계, 디자인, 경영 등의 전공을 익히며 AI나 소프트웨어 등의 기술을 접목하여 'ICT 융합 인재'를 양성하기 위해서입니다.

개발자 1분 상식

ICT 관련 융합학과를 선택할 때 고려할 점

ICT 융합학과라고 해서 무조건 좋을 거라는 기대는 금물입니다. ICT 융합학과가 되었다가 다시 폐과되는 학과도 종종 있습니다. 그래서 ICT 관련 융합학과를 선택할 때 고려할 점 3가지를 짚어 봅니다.

첫째, 기존의 전공과 ICT 분야의 융합학과라면 커리큘럼을 꼼꼼하게 살펴보세요. 단순히 해당 학과의 커리큘럼만 보는 것보다 다른 대학교의 해당 전공 학과 커리큘럼과 비교하는 게 쉬울 것입니다. 기존 전공을 바탕으로 ICT 관련 과목이 구성되어 있는지가 중요합니다.

둘째, 대학교 홈페이지에서 전임 교수진의 프로필을 찾아보고, ICT 분야 전공자나 강의 교과목이 포함되어 있는지도 확인해야 합니다. ICT 융합학과 전공인데도 ICT 분야 전임 교수진으로 구성되어 있지 않다면 해당 학과의 대학원으로 진학했을 때 ICT 분야를 활용하기 어려울 수도 있기 때문입니다.

셋째, 학과 소개 등에서 졸업 후 진로나 취업 현황 등을 살펴보고, ICT 분야나 융합 분야로 진출하고 있는지 확인해 보는 것이 좋습니다. 신설 학과라면 아직 졸업생이 배출되지 않을 수 있습니다.

예시로 서울과학기술대학교 일반대학원의 일반사회계열 'AI 경영학과'의 소개 글을 살펴보겠습니다.

표 1-4 서울과학기술대학교 일반대학원의 일반사회계열 'AI 경영학과' 소개 글

교수진 구성	• 회계·금융·마케팅 등의 경영학 전공 • MIS 등의 경영공학 전공 • 시각 지능, 인지 지능, 분산 학습 전공 • HCI, 원격 탐사, 뇌공학, 행동 지능 등의 인공지능(AI) 관련 학문 전공
학습 과목	• AI 기술 + 핵심 경영 + AI 융합 + AI 관련 법·제도 • **경영학 관련 학문**: 경영 통계, 기술 마케팅, 회계 정보와 투자, 기술 가치 평가와 금융, 증권규제법 등 • **AI 과목**: 기계 학습, 인공 신경망, 자연어 처리, 영상 처리, 머신 비전 등
사회 진출 분야	• 금융, 핀테크, AI 사업 기획, AI 기반 비즈니스 분석 및 사업 기획 역량 등이 필요한 다양한 분야

 알쏭달쏭 IT 용어 사전

- **MIS(management information system)**: 조직의 목표를 더 효과적으로 달성할 수 있게 통합적 컴퓨터 경영 정보 시스템을 말합니다. 조직의 계획이나 운영, 통제를 위한 다양한 정보를 검색·수집한 뒤, 의사결정을 할 때 적절한 형태로 제공해 줍니다.
- **HCI(human-computer interaction)**: 인간과 컴퓨터 간의 상호 작용을 연구하는 학문
- **머신 비전(machine vision)**: 기계에 적용할 인간의 시각과 판단 기능을 연구하는 학문
- **핀테크(fintech)**: 금융(finance)과 기술(technology)의 합성어로, 금융 서비스와 IT 기술을 융합한 금융 서비스 산업입니다.

정보통신공학을 전공(학사, 석사)한 필자 역시 유사 전공 개발자 취업 사례라고 볼 수 있습니다. 엄밀히 말하면 유사 전공자인데 실제로 학부 시절에는 프로그래밍 언어보다 회로 이론, 전자기학 등 하드웨어와 관련된 과목 중심이었습니다. 하지만 대학을 졸업하고 나서 LG전자와 LG유플러스, 그리고 지금 근무하는 한국폴리텍대학에서도 소프트웨어 분야에서 꾸준히 일하고 있습니다.

즉, 저는 컴퓨터공학이나 소프트웨어학을 전공하지 않았지만 지금까지 소프트웨어 개발, 교육, 연구 업무를 해왔습니다.

이처럼 컴퓨터공학과를 졸업하지 않아도 ICT 관련 전공을 선택할 수도 있고 개발자 양성 전문 학원이나 책, 온라인 클래스로 독학하며 개발자의 꿈을 키울 수도 있습니다.

비전공자도 전공자처럼 개발자 일을 할 수 있어요!

요즘에는 인문, 사회, 공학, 예체능 등 전공을 불문하고 취업, 진학 등에서 토익, 토익 스피킹 등의 어학 점수가 필수이기에 많은 사람들이 영어의 기본 능력을 갖추고 있습니다. 그러나 영어영문학 전공자라고 해서 무조건 영어를 1등으로 잘하는 것은 아닐 것입니다. 영어영문학과를 졸업하면, 영어가 주 전공이기에 당연히 다른 전공자의 평균 수준보다 높겠지만, 국어국문학이나 전자공학을 전공하고서도 영어 말하기·쓰기·듣기 등을 영어 전공자보다 원어민 수준으로 더 잘하는 사람도 있을 것입니다. 이렇듯 컴퓨터공학이나 소프트웨어학을 전공한 사람이라고 해서 무조건 코딩을 1등으로 잘한다고 판단하기는 어렵습니다.

취업 관련 공고에서 실례를 살펴보겠습니다. 다음 자료는 SK 그룹의 IT 서비스 전문 계열사인 SK C&C의 신입 사원 채용 공고입니다. [기타사항]을 확인해 보면, 금융 및 경제학 관련 지식을 보유하고 있거나 관련 전공자를 우대한다고 합니다. 금융 소프트웨어 개발에서는 프로그래밍을 하면서 금융 배경지식이 있으면 특별히 대우한다는 것입니다. 이것은 컴퓨터공학이나 소프트웨어학과 전공자보다 상경계열 융합 전공자가 취업에 유리할 수도 있다는 근거가 됩니다.

그림 1-1 SK C&C의 신입 사원 채용 공고

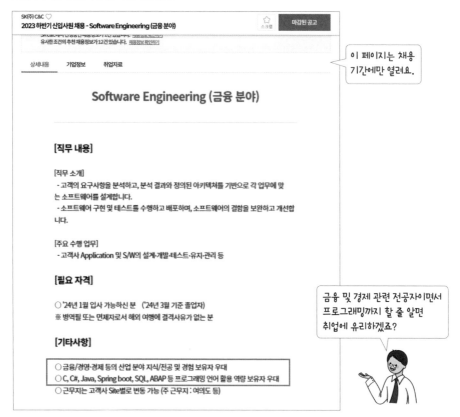

취업 정보 플랫폼 인크루트에 따르면, 현직 개발자 10명 가운데 7명은 비전 공자로서 개발 직군 진출을 긍정적으로 생각한다고 합니다. 개발 인력이 부족 하기 때문이라는 게 가장 상위를 차지하지만 문제 인식과 해결 방법의 다양화 라든지, 경쟁을 통한 전문성 제고 등도 뒤를 잇고 있습니다.

그림 1-2 비전공자의 개발 직군 진출과 관련한 현직 개발자의 생각(2021년 9월 기준)

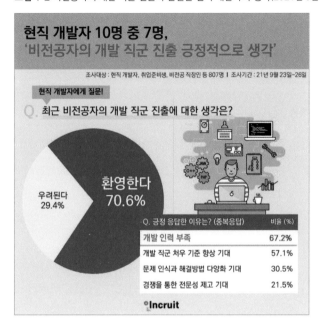

사실 SW 개발 분야는 기술직이며 철저하게 실력에 따라 성과 차이가 발생합니다. 이후 03장에서도 설명하겠지만, 많은 중견 규모 이상의 기업은 프로그래밍 능력을 확인하기 위해 '코딩 테스트'를 도입하고 있고, 중소 규모의 기업은 보통 면접에서 기술 관련 질문을 많이 합니다.

물론, 대학이나 대학원에서 SW 분야를 전공한 사람은 전문 커리큘럼으로 관련 학습을 꾸준히 해왔기에 타 전공 사람들과 차이가 있을 것입니다. 그러나 영어 실력과 같이 컴퓨터공학 전공자라는 것이 프로그래밍 실력을 입증하는 기준이나 지표가 될 수는 없습니다.

그래서 준비했습니다. 직업인으로서 개발자를 계획하는 분들을 위해 02-2절에서 코딩 문제를 풀어 보면서 간단히 학습하는 시간을 가질 것입니다. 여러분도 코딩을 충분히 할 수 있다는 것을 보여 드릴 테니 천천히 따라와 주세요.

배운 것을 정리해 볼까요?

- 기존 학문과 AI 등을 합친 ICT 융합 전공도 인기가 있습니다.
- 기존 학문에도 ICT 기술이 파고들고 있으며, 컴퓨터공학을 전공하지 않았어도 개발자가 될 수 있습니다.
- SW 개발자는 기술직이므로 실력이 중요합니다.

01-2

개발자 연봉은
어느 정도인가요?

앞 절에서는 개발자의 수요와 관련 시장의 추이를 살펴보았습니다. 이번 절에서는 여러분에게 직접 다가올 개발자의 연봉과 근속 연수를 살펴보겠습니다.

국내 ICT 서비스 전문 대기업의 평균 연봉 및 근속 연수

국내 ICT 서비스 전문 4대 기업인 삼성SDS, LG CNS, SK C&C, 현대오토에버 등의 평균 연봉은 다음과 같습니다. 아무래도 이 기업들은 대기업 계열사이기에 상대적으로 다른 곳보다 평균 연봉이 높습니다. 그리고 근속 연수가 긴 직원이 많을수록 평균 연봉도 올라가므로 이 수치만으로 신입 사원 초봉을 가늠하기는 어렵지만 절대적으로 낮지 않습니다.

표 1-5 국내 ICT 서비스 전문 대기업의 평균 연봉(2023년 기준)

구분	삼성SDS	LG CNS	SK C&C	현대오토에버
평균 연봉	1억 3,100만 원	1억 900만 원	1억 1,800만 원	9,300만 원

평균 근속 연수는 최솟값인 현대오토에버의 6년 2개월에서 최댓값인 삼성 SDS의 15년 6개월입니다. 이 수치는 경력 사원도 포함된 평균값이기에 'A 회사에 들어가면 평균 6~15년만 다닐 수 있다'라고 단정하기는 어렵습니다. 또한 경력 사원이 포함되어 있거나 최근 인수·합병된 기업의 상황 등이 반영되어 낮아졌을 수도 있습니다.

표 1-6 국내 ICT 서비스 전문 대기업이 평균 근속 연수(2023년 기준)

구분	삼성SDS	LG CNS	SK C&C	현대오토에버
근속 연수	15년 6개월	11년 1개월	10년 4개월	6년 2개월

사실 국내 ICT 서비스 전문 4대 기업의 평균 연봉과 근속 연수가 개발 분야 전체를 대변하기는 어려울 것이고, 대기업이기에 평균 연봉이 다소 높거나 근속 연수가 길 수도 있습니다. 그래서 이번엔 대기업이 아닌 기업의 평균 연봉과 근속 연수를 살펴보겠습니다.

대기업 외 기업의 평균 연봉 및 근속 연수

오픈서베이의 〈개발자 트렌드 리포트 2022〉에 따르면, 국내 ICT 서비스 전문 대기업 외 기업의 평균 근속 연수 3년 미만인 개발자의 평균 연봉은 약 4,300만 원, 10년 이상은 약 8,200만 원이라고 합니다. 이는 잡플래닛의 일반 직장인 3년 차 평균 연봉인 약 3,818만원, 12년 차 평균 연봉인 약 6,053만 원보다 각각 12.6%, 35.4% 더 높다는 것을 알 수 있습니다. 즉, ICT 개발자의 연봉 수준은 다른 직군의 비슷한 연차에 비해 높다는 것을 의미합니다.

인적 자원(HR) 테크 기업 원티드랩이 조사한 10~12년 차 경력 개발자의 2023년 상반기 평균 연봉은 꾸준히 올라 2022년 대비 4.7% 상승한 7,713만 원에 이를 것으로 예측했습니다. 1~3년 차 개발자는 전년 대비 0.95% 하락한 4,389만 원으로 조사되었으나 전체 직군 평균 대비 여전히 높은 수준임을 알 수 있습니다.

그림 1-3 경력 연차별 국내 개발자의 연봉 추이　　　　　　　(단위: 원)

개발자의 평균 연봉이 상대적으로 높거나 높아지는 현상은 우리나라뿐만 아니라 전 세계의 추세입니다. ICT 분야는 계속되는 인력 부족으로 2023년 일부 ICT 관련 인력의 연봉은 2022년 대비 최고 8.68% 상승할 것으로 보이며, 이는 인플레이션 수치를 초과할 것으로 예측합니다.

표 1-7 전 세계 ICT 관련 인력의 평균 연봉 상승률　　　　　(단위: 원, 1달러=1,300원 기준)

기업 규모	구분	2023년	2024년	전년 대비 연봉 상승률(%)
대기업	경영진	229,100,300	238,569,500	4.13
	중간 관리자	126,345,700	128,343,800	1.58
	일반 직원	105,188,200	106,909,400	1.64
	전체 대기업	130,028,600	132,831,400	2.16
중소기업	경영진	197,345,700	197,904,200	1.59
	중간 관리자	125,595,600	128,512,800	2.32
	일반 직원	102,235,900	105,628,900	3.32
	전체 중소기업	123,619,600	127,374,000	3.04
전체		126,824,100	130,102,700	2.59

ICT 기업의 개발/비개발 직군별 연봉 차이

신입 사원을 기준으로 ICT 개발 직군과 비개발 직군의 연봉 차이도 확인해 볼 수 있습니다. 2021년 기준으로 네이버와 넥슨의 신입 사원 초봉은 개발 직군이 비개발 직군보다 500만 원씩 더 많았음을 알 수 있습니다. 이는 대기업도 마찬가지로 우수 신입 개발자를 확보하기 위한 대책에서 비롯합니다.

또한 2021년 기준으로 네이버, 넥슨 등 ICT 대기업마다 개발자 신입 초봉 규정이 따로 있으며, 개발자의 유출을 막으려고 전 직원 연봉 일괄 인상 등을 시행하는 특징도 보입니다.

표 1-8 국내 주요 ICT 기업의 신입 사원 초봉 수준

네이버	• 5,000만 원(개발 직군) • 4,500만 원(비개발 직군)
넥슨	• 5,000만 원(개발 직군) • 4,500만 원(비개발 직군)
삼성전자	• 4,500만 원(대졸 공채 평균)
SK텔레콤	• 4,900만 원(대졸 공채 평균)

▶ 표 1-8, 1-9는 2021년 기준입니다.

표 1-9 국내 주요 ICT 기업의 직원 유인책

크래프톤	• 개발자 연봉 2,000만 원 일괄 인상 • 개발직 신입 초봉 6,000만 원
넥슨	• 전 직원 연봉 800만 원 일괄 인상 • 개발직 신입 초봉 5,000만 원
넷마블	• 전 직원 연봉 800만 원 일괄 인상 • 개발직 신입 초봉 5,000만 원
컴투스, 게임빌	• 전 직원 연봉 800만 원 이상 인상 • 신입 초봉 4,500만 원 이상
토스	• 스톡 옵션 1억 원 • 타사 연봉 대비 최대 1.5배 제시
네이버 파이낸셜	• 개발직 신입 초봉 5,000만 원

개발자의 세부 직무별 연봉 차이

기업에서 인사 팀은 직원별로 재무, 인사, 총무 등 담당 분야가 있듯이 개발자의 직무도 여러 분야로 나뉩니다. 다음 2022년 잡플래닛 자료를 참고하여 국내 ICT 기업의 직무 분야에 따른 개발자의 평균 연봉을 간단히 살펴보겠습니다.

▶ ICT 분야는 크게 기획, 개발, 품질로 구분할 수 있습니다. 01-4절을 참고하세요.

평균 연봉이 가장 높은 개발자의 직무는 '소프트웨어 아키텍트'(6,030만 원)입니다. 소프트웨어 아키텍트는 기본적으로 소프트웨어 개발 지식을 비롯해서 전체 구조, 즉 뼈대를 설계하는 업무입니다. 이 분야는 경력이나 관련 지식 등이 많이 필요하므로 급여 수준도 높습니다.

그다음으로 평균 연봉이 높은 직무는 '모바일 앱' 개발(4,991만 원)과 '데이터 분석'(4,908만 원)입니다. 모바일 앱 개발은 안드로이드 앱뿐만 아니라

iOS 앱까지 개발하는 직무일수록 연봉이 높습니다. SW 교육 기관에서는 수요가 많은 웹 개발을 중심으로 교육하므로 모바일 앱 개발자의 공급이 적은 편이기도 합니다.

그리고 데이터 분석 직무는 기본적으로 수학과 통계 지식을 기반으로 빅데이터 분석, 인공지능 예측 등 대체로 관련 지식을 깊이 갖추고 다룰 줄 알아야 하므로 연봉도 높은 수준이라고 볼 수 있습니다.

그림 1-4 국내 개발자 직무별 평균 연봉 차이(2022년 기준)

QA(quality assurance)는 품질 관련 직무로서 개발 팀에서 개발하고 있거나 개발을 완료한 시스템, 서비스 등을 검증하는 역할을 합니다. 이번 잡플래닛 조사에서 QA 직무는 IT·인터넷이라는 넓은 범주에 포함된 것이기에 이 책에서 설명하는 개발 분야에 해당하지 않아 생략합니다.

▶ ICT 분야의 개발자 직무 가운데 QA 관련 부서를 자세히 알고 싶다면 01-4절의 '품질' 부분을 참고하세요.

배운 것을 정리해 볼까요?

- 개발자의 연봉은 다른 일반 직군에 비해 높은 수준입니다.
- 대기업도 부족한 개발자 시장에서 우수 개발자를 유입하기 위해 적극적입니다.

01-3

개발자가 되려면
어떤 기술부터 배워야 하나요?

프로그래밍 개발에 관심 있다면 C, C++, 자바(Java) 등의 다양한 프로그래밍 언어와 리눅스(Linux), 윈도우(Windows) 등의 운영체제를 들어봤을 것입니다. 대학이나 관련 교육 기관에서 배우는 내용을 개발 분야에서 주로 활용하는 **프로그래밍 언어**와 엔지니어링 분야에서 활용하는 **ICT 관련 기술**로 크게 나누어 설명하겠습니다.

프로그래밍 언어

프로그래밍을 하려면 일단 프로그래밍 언어를 알아야 합니다. 또한 개발 분야가 아닌 엔지니어링 분야에서도 프로그래밍의 기본은 알아야 합니다. 그리고 분류 방식이나 추천 학습 언어는 사람마다 다르므로, 여기에서 제시하는 의견은 참고만 하세요. 유사 전공자 출신 개발자이자 교수인 필자는 이렇게 분류하고 가르칩니다.

❶ 프로그래밍 언어란 무엇인가요?

프로그래밍 언어는 단어 뜻 그대로 프로그램을 개발할 때 사용합니다. 사람들과 의사소통할 때 한국어, 영어, 일본어, 중국어 등을 사용하듯이 컴퓨터와 의사소통하려면 C, C++, 자바, C#, 파이썬, ASP, JSP, 자바스크립트(JavaScript), 코틀린(Kotlin) 등의 프로그래밍 언어를 알아야 합니다.

그림 1-5 사람의 언어와 컴퓨터 언어

프로그래밍 언어를 소개할 때 필자는 우리가 사용하는 언어에 빗대어 설명하곤 합니다. 실제로 우리말 표준어를 사용하는 사람이 충청, 영남, 호남 등의 방언을 사용하는 사람과 단어나 억양이 조금 다를 수는 있어도 의사소통하는 데에는 문제가 없습니다. 실제로 C 언어는 우리말 표준어로 비유할 수 있고 C++, 자바, C#, 파이썬 등은 방언에 해당합니다.

이렇듯 앞에서 소개한 프로그래밍 언어 가운데 하나만 제대로 잘 익혀 두면 그다음 언어는 프로그래밍 언어별 약간의 차이와 특성을 이해하면 쉽게 익힐 수 있습니다.

그림 1-6 필자가 비유한 프로그래밍 언어의 분류

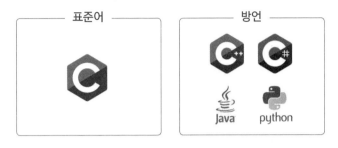

❷ 프로그래밍 언어는 C 언어나 자바로 시작하세요!

개발자 관련 정보를 찾다 보면 프로그래밍 언어는 '파이썬'으로 시작하라는 이야기가 많이 들립니다. 파이썬은 정말 쉽고 직관적으로 배울 수 있죠.

조금 어려운 말을 섞어서 설명해 볼게요. C 언어나 자바는 세부적인 부분까지 개발자가 하나씩 설정해 주어야 합니다. 반면에 파이썬은 설정 등 귀찮은 부분을 프로그래밍 언어가 대체해 주어 사용자의 액션을 최소화했으므로 상대적으로 배우기가 쉽습니다.

하지만 필자는 취준생이라면 파이썬부터 학습하는 것보다 C 언어나 자바를 먼저 시작하는 것을 추천합니다. 대학교 교육과정을 살펴볼까요? 우리나라 전국 2, 4년제 대학 소프트웨어학과나 컴퓨터공학과 1학년 1학기 필수 과목을 보면, 대체로 C 언어 또는 자바가 포함되어 있습니다. 이것만 보더라도 프로그래밍의 기본 언어는 C 언어 또는 자바라는 것을 알 수 있습니다.

그리고 C 언어를 배워야 하는 또 다른 이유는 '프로그램 개발 구조'와도 연관이 있습니다. 구구단 2단을 출력하는 코드를 예로 들어 볼게요. 다음과 같이 구구단 2단을 C 언어, 자바, 파이썬으로 코드를 작성하면 코드의 총 길이만 하더라도 C 언어와 자바는 각각 3줄씩인데 파이썬은 2줄입니다. 그리고 C 언어와 자바를 사용한 코드의 전체 구조는 비슷해 보이지만 파이썬은 다양한 설정이 상대적으로 줄어든 모습입니다.

그림 1-7 구구단 2단을 C 언어, 자바, 파이썬으로 프로그래밍한 예

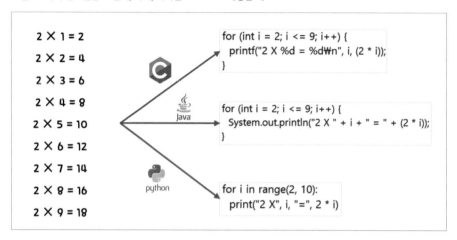

딱 봐도 파이썬을 사용하면 C 언어나 자바보다 코딩 줄 수도 짧고 구현하기도 편하다는 것을 알 수 있습니다. 그렇다면 '파이썬을 배우는게 편하겠는걸?'라고 생각할 거예요. 하지만 개발자 입장에서 저 코드를 분석해 본다면, 파이썬처럼 쉽고 짧은 프로그래밍 언어는 그 언어 자체가 처리해야 할 설정이 더 많다는 것을 알 수 있습니다. 이는 프로그램 실행 속도와 연관됩니다. 쉽고 짧은 언어일수록 프로그램 실행 속도가 느려집니다. 그래서 이미 확보된 하드웨어 인프라를 기반으로 최적의 프로그램을 개발해야 하는 상황에서는 파이썬이 아니라 C 언어나 자바를 더 많이 활용하는 이유입니다.

조금 어려웠나요? 간단하게 이야기하자면, C 언어로 구구단을 프로그래밍할 때 그 결과가 1초 만에 나오지만, 파이썬으로 프로그래밍한다면 10초가 걸린다는 말입니다. 그리고 앞서 C 언어를 '표준어'라고 비유했죠? 이를 증명하듯 C 언어나 자바 언어를 먼

실제로는 이렇게 크게 차이 나지 않지만, 여러분이 쉽게 이해할 수 있도록 약간 과장했습니다^^;

저 익혀 두면 파이썬은 물론, C++, C#, 자바스크립트, JSP, ASP 등 다양한 프로그래밍 언어를 상대적으로 쉽게 익힐 수 있습니다. 또한 C 언어나 자바 언어로 된 입문자를 위한 빅데이터, 인공지능, 시각화 등의 라이브러리와 예제 코드가 인터넷 곳곳에 많아서 더 쉽게 배울 수 있다는 점도 장점입니다.

그래서 이 부분을 필자는 수학으로 비유합니다. 여러분은 유치원생이고 앞으로 초등학교 수준의 구구단 문제와 중학교 수준의 함수 문제를 모두 풀어야 한다고 가정합시다. 먼저 초등학교 수준의 문제를, 이어서 중학교 수준의 함수 문제를 순서대로 풀어야 할 것입니다.

지금까지 설명한 프로그래밍 언어 3가지를 개발자가 코딩하기 쉬운 언어부터 정리하면 파이썬 → 자바 → C 언어 순입니다. 그러나 프로그램 실행 속도가 빠른 언어는 반대로 C 언어 → 자바 → 파이썬 순입니다. 일단 여기까지만 얘기하고 다음으로 넘어갈게요!

ICT 관련 기술

개발자는 프로그래밍 언어뿐만 아니라 ICT 관련 기술도 알아 둬야 합니다. 이것 또한 엔지니어에게만 해당하는 분야가 아니며 개발자도 기본은 알아 둬야 하므로, 대표적인 키워드 3개만 설명해 드릴게요!

❶ 서버에서 활용하는 리눅스

프로그래밍 언어 외에 ICT 관련 기술로서 첫 번째는 서버에서 활용하는 대표적인 운영체제로 리눅스(Linux)가 있습니다. 리눅스는 CUI를 기반으로 하는 운영체제인 MS-DOS와 비슷합니다.

그림 1-8 리눅스 로고

▶ MS-DOS란 과거 윈도우 초기 버전인 윈도우95, 윈도우98 시대까지도 많이 사용하던 일반 PC의 과거 운영체제를 말합니다.

GUI를 기반으로 하는 운영체제인 윈도우에서 파일 복사·삭제·실행 등 다양한 동작은 주로 마우스로 하지만, MS-DOS에서는 키보드를 사용합니다. 서버에서 활용하는 리눅스는 GUI에 기반한 것도 있지만 MS-DOS와 같이 주로 키보드 명령어로 동작을 수행한다고 보면 됩니다.

알쏭달쏭 IT 용어 사전

- **CUI(character user interface)**: 문자, 명령어만으로 입력과 출력을 하는 인터페이스 방식입니다. MS-DOS와 리눅스가 CUI에 기반한 대표적인 운영체제입니다.
- **GUI(graphic user interface)**: 사용자가 편리하게 사용할 수 있도록 아이콘 등의 그래픽을 이용해 작업할 수 있는 인터페이스 방식입니다. 입력은 주로 마우스로 하며, 윈도우(Windos)가 GUI에 기반한 대표적인 운영체제입니다.

예를 들어 윈도우에서는 특정 폴더에 어떤 폴더와 파일이 있는지 확인할 때 그래픽 환경에서 해당 폴더를 더블클릭하면 됩니다. 그러나 리눅스에서는 키보드의 명령어를 사용해서 확인합니다. 다음 그림처럼 ls -al 명령어를 입력하면 특정 폴더의 파일 또는 폴더 8개가 나타납니다.

그림 1-9 리눅스에서 ls -al 명령어를 입력해 폴더와 파일 찾기

```
localhost:~# ls -al
total 40
drwxr-xr-x    5 root     root         237 Jan  9  2021 .
drwxrwxrwx   21 root     root         461 May 30 13:02 ..
-rw-------    1 root     root          51 May 30 13:02 .ash_history
drwx------    3 root     root          61 Jul  6  2020 .cache
drwx------    5 root     root         124 Jul  6  2020 .mozilla
drwxr-xr-x    4 root     root         202 Jul  6  2020 .wine
-rw-r--r--    1 root     root         114 Jul  6  2020 bench.py
-rw-r--r--    1 root     root          76 Jul  3  2020 hello.c
-rw-r--r--    1 root     root          22 Jun 26  2020 hello.js
-rw-r--r--    1 root     root         151 Jul  6  2020 readme.txt
localhost:~#
```

❷ 데이터베이스를 다루는 SQL

프로그램 개발에서 기본 기술은 C 언어나 자바와 함께 데이터베이스 관리입니다. 데이터베이스를 다루는 언어를 SQL(Structured Query Language)이라고 하며 오라클(Oracle), 마이에스큐엘(MySQL), 에스큐엘라이트(SQLite) 등이 있습니다.

▶ SQLite는 시퀄라이트라고도 읽습니다.

SQL은 SQL 스탠다드(SQL Standard)에서 파생된 것으로, 한 종류만 잘 다룰 줄 알면 나머지는 특징과 차이점만 파악해서 금방 적응할 수 있습니다. 그래서 대학이나 교육 기관에서는 무료 라이선스인 MySQL을 많이 사용하는데, MySQL을 잘 다루면 취업 후 현업에서 사용하는 오라클 등 다른 SQL을 쉽게 다룰 수 있습니다.

그림 1-10 DB를 다루는 언어

SQL 로고

MySQL 로고

예를 들어 SQL로 EMPLOYEE라는 테이블을 만들고 데이터(record) 3개를 넣은 뒤 출력하면 다음과 같을 것입니다.

그림 1-11 SQL로 데이터를 다루는 모습

❸ 개발자의 업무를 신속하게 도와주는 플랫폼 ─ 도커, 쿠버네티스, 깃

앱을 신속하게 구축하고 테스트, 배포할 수 있는 플랫폼으로 도커(Docker), 쿠버네티스(Kubernates)와 컴퓨터 파일의 변경 사항을 추적하고 사용자 간에 해당 파일의 작업을 조율하는 버전 관리 시스템인 깃(git) 등이 있습니다.

그림 1-12 다양한 플랫폼

도커 로고   쿠버네티스 로고   깃 로고

배운 것을 정리해 볼까요?

- 개발자가 되려면 프로그래밍 언어와 ICT 관련 기술을 알아야 합니다.
- 프로그래밍 언어는 C 언어나 자바로 입문하여 한 가지만 잘하면 나머지는 쉽게 배울 수 있습니다.
- ICT 관련 기술로 리눅스, SQL, 플랫폼(도커, 쿠버네티스, 깃) 등도 알아야 합니다.

01-4

ICT 분야에서 개발자의 직무는 어떻게 나뉘나요?

01-2절에서 설명했던 것처럼, 개발자의 직무 분야는 모바일 앱 개발, 웹 개발, 소프트웨어 아키텍트, 데이터 분석 등으로 세분되어 있으며, 그에 따라 개발자의 역할과 연봉에 차이가 있습니다. 그리고 같은 앱 개발자라 하더라도 PC에서 활용하는 프로그램을 만드는 PC 앱 개발자와 스마트폰에서 활용하는 프로그램을 만드는 모바일 앱 개발자로 나뉩니다.

이번 절에서는 ICT 분야의 직무를 **기획**, **개발**, **품질**로 나눠서 개발자는 어떤 일을 하는지 구체적으로 살펴보겠습니다. 개발자가 되기 전에 ICT 업계의 생태계를 이해하면 개발의 전체 과정을 파악할 수 있는 눈이 생깁니다.

그림 1-13 ICT 분야의 직무 3가지

기획
고객에게 제공할
상품, 서비스 계획

개발
고객이 사용할 상품,
서비스 제작

품질
고객이 사용할 상품,
서비스의 품질을 사전,
사후에 검증하고 대응

스마트폰 시대 초창기에 등장한 카카오톡을 생각하면서 무료 메시지 모바일 앱을 기획, 개발하여 상품(서비스)으로 나오기까지 전체 과정을 살펴보겠습니다.

▶ 이 내용은 모바일 메신저 개발의 과정을 사례로 든 것이며, 실제 카카오톡 개발의 역사와 다소 차이가 있을 수 있다는 점을 알아 두세요!

기획 — 무료 메시지 앱을 만들어 볼까?

기획 부문에서는 어떤 상품이나 서비스를 만들기 위해 일정, 할 일 등의 업무와 비용을 계산하고 그에 따른 계획을 세웁니다.

기획자의 역할

기존의 피처폰으로 문자 메시지를 보낼 때 건당 비용이 최소 20원이었으며, 문자의 길이나 첨부 파일에 따라 몇백 원까지 했습니다. 그래서 메시지를 오래 주고받는 채팅이나 영상 통화 등을 할 때에는 네이트온이나 msn 메신저와 같은 PC용 앱을 많이 사용했습니다.

무료 메시지 앱을 만들어 볼까?

2009년 스마트폰이 등장해 인터넷이 와이파이로 연결되면서 기획자는 이렇게 생각합니다. "PC용 메신저 앱을 스마트폰용 메신저 앱으로 만들면 사람들이 많이 사용하지 않을까?" 바로 이것이 ICT 기획의 출발점입니다.

기획 단계에서는 ICT에 기반한 상품 또는 서비스를 출시하기 위해 일정과 비용 등을 계획하는 일을 합니다. 고객의 니즈(needs)를 파악하여 새로운 관점과 아이디어를 도출한 뒤 새로운 기술 또는 서비스를 출시하기 위한 제안서를 작성하고 예산 관리, 일정 관리, 사후 관리 등을 담당합니다.

기획 팀의 구성과 업무 분담

기획 팀은 기획 책임자(PM, project manager)와 기획 팀원으로 이루어집니다. 기획 책임자는 해당 사업의 전체 일정·비용 등과 관련해서 기획 팀원과 디자인 팀, 개발 팀 등과 소통하는 역할을 합니다. 그리고 기획 팀원은 자신이 담당하는 업무별 콘셉트와 내용을 정하고, 관련 문서로 다른 팀과 협업을 진행합니다.

어느 기업의 모바일 메신저 앱 기획 주제를 예로 들어 기획자는 어떤 일을 하는지 자세히 알아보겠습니다. 이 기업에서는 고령인 사용자가 모바일 키패드로 메시지를 작성하기 불편해한다는 데 착안하여 메신저를 음성으로 조작할 수 있도록 기능을 개선한 무료 앱을 기획한다고 가정하겠습니다.

> **기획 주제: 음성으로 조작할 수 있는 새로운 무료 모바일 메신저 앱**

❶ 기획 책임자(PM)

사업의 예산, 일정 등을 관련 부서와 협의하고, 상품(서비스) 출시 일정에 맞춰 수행할 수 있는 내용을 기획합니다. 또한 팀원의 역할을 나눕니다. 여기에서는 팀원이 3명일 때를 예로 들어 A, B, C로 구분해서 어떤 일을 하는지 알아보겠습니다.

❷ 기획 팀원 A — 음성 인식 솔루션 개발

음성 인식으로 키를 입력하거나 사진·영상 등의 파일을 전송하고, 메시지를 확인하는 등의 조작 부분을 기획합니다. 주로 다른 기업에서 제공하는 음성 인식 서비스 가운데 고령인 사용자에게 가장 인식률이 높은 것은 무엇인지, 또한 기한 내 개발 가능 여부와 비용 등의 자료를 취합합니다.

❸ 기획 팀원 B — UX/UI 시나리오 준비

기존의 키패드에 기반한 앱에서 바꿔야 할 UX/UI 부분을 기획하기 위해 UX/UI 팀과 협업하여 시나리오를 준비합니다.

❹ 기획 팀원 C — 품질 대응

기존 상품(서비스)의 품질 이슈와 출시 이후에 발생할 것으로 예상되는 사용자의 요구 사항 등에 대처하는 역할을 합니다. 지난 버전에서 고객의 소리(voice of customer), 내부 고객인 직원의 소리(voice of employee) 등을 참고하여 오류나 기능 개선 사항을 도출합니다.

이렇게 음성으로 조작할 수 있는 새로운 무료 모바일 메신저 앱 UX/UI 시나리오(기획안)가 나오면 ICT 기획자는 일정 내에 기획안을 구현할 수 있는지 개발 팀, 디자인 팀 등과 일정·비용 등을 조율하며 의사결정을 합니다.

프로세스를 그림으로 정리하면 다음과 같습니다.

그림 1-14 기획 팀의 업무 분담과 작업 프로세스

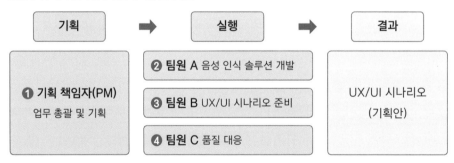

- PM(project manager): 기획 팀 전체를 이끌어 가면서 프로젝트가 순조롭게 진행되도록 하는 책임자를 말합니다.
- PL(project leader): 프로젝트 내 분야별 팀 또는 그룹을 관리하고 프로젝트를 수행하는 데 중점을 둔 관리자를 말합니다.
- UX(user experience): 사용자가 제품 또는 서비스를 사용하면서 느끼는 직·간접적인 경험과 만족이 총체적인 것을 의미합니다.
- UI(user interface): 사용자가 제품 또는 서비스를 사용할 때 마주 하는 화면을 의미합니다.

대표적인 기획자, 스티브 잡스

ICT 분야에서 역사상 가장 대단한 기획자를 꼽으라면 스티브 잡스(Steve Jobs, 1955~2011)일 것입니다. 스티브 잡스는 애플의 공동 창업주이면서 애플 II라는 컴퓨터를 만들어 제3차 산업혁명 시대의 시작인 데스크톱 시장을 개척하고 매킨토시를 개발했습니다. 또한 제4차 산업혁명 시대의 시작점이라고 할 수 있는 스마트폰 시장을 아이폰으로 열었습니다.

스티브 잡스의 혁신과 창의성의 비밀은 '연결(connect things)'에 있습니다. 스티브 잡스는 같은 공간에서 같은 경험을 하는 직장 동료만 만나는 것보다 자신과 다른 경험을 하거나 시각을 달리하는 사람을 꾸준히 만나는 것이 중요하다고 강조했습니다. 그 사람들을 만나 새로움을 연결하라는 것입니다.

지금까지 설명한 내용을 정리하면, ICT 기획자는 고객에게 도움이 되면서 고객이 많이 사용할 것으로 예상되는 ICT 상품이나 서비스를 고안해 내는 것으로 프로젝트를 시작합니다. 그것이 기능이 될지, UX/UI 및 디자인이 될지는 아직 아무도 모릅니다.

이렇게 ICT 기획자는 시장에 선보일 상품이나 서비스를 고안해 낸 후, 이를 실제로 구현할 ICT 개발 팀과 상황에 맞춰 일정, 비용 등을 협의하고 사후 대응까지 준비합니다. 그래서 기획자의 핵심 역량으로 창의력과 논리력은 빼놓을 수 없을 만큼 중요합니다. 창의성 높은 아이디어가 나왔다면 브레인스토밍의 결과물이므로 생각한 대로 이루어질지 등의 가능성 여부를 떠나 일단 적어 두고 관련 기술을 발견하면 결합해 보는 습관을 기르는 것이 좋습니다.

개발 — 새로운 무료 문자 서비스는 어떻게 만들까?

ICT 개발 부문에서는 기획 부문에서 계획한 내용과 일정을 검토한 후, 실제 구현하는 일을 합니다.

개발 단계에서 개발자의 역할

개발자는 기획 팀에서 만든 시나리오(기획안)를 기반으로 일정과 비용, 그리고 구현 가능성에 주안점을 두어 개발 범위를 잡고 실행해 나가는 역할을 합니다.

무료 모바일 메신저 앱은 어떻게 만들까?

앞에서 기획자가 음성으로 조작할 수 있는 무료 문자 메시지 서비스를 제공하는 새로운 모바일 앱을 기획했다면, 기능을 구현할 수 있을지 세부적으로 검토하고 오류를 최소화하여 최적의 앱을 개발하는 직무입니다.

개발자 가운데에는 발주사가 원하는 내용이나 기획 팀에서 작성한 기획서(시나리오)를 토대로 개발만 수행하는 직무도 있지만, 주로 새로운 것을 제안하는 직무를 맡는 경우도 있습니다.

개발자의 5가지 업무 분야

먼저 개발자를 분류해 보겠습니다. 인터넷에서 개발자를 검색해 보면 9가지, 16가지 등 다양하게 세분화하는데요. 이 책에서는 개발자를 **웹 개발자**, **앱 개발자**, **데이터 과학자**(data scientist), **시스템 엔지니어**, **데이터베이스 관리자**(database administrator, DBA) 이렇게 5가지로 나누어 보겠습니다.

그림 1-15 개발자의 5가지 업무 분야

❶ 웹 개발자

웹 개발이란 말 그대로 인터넷 웹 페이지(웹 사이트)를 구성하는 다양한 요소를 개발하는 것을 말하며, 크게 프런트엔드(front-end)와 백엔드(back-end)로 나눌 수 있습니다. 쉽게 말하면 프런트엔드는 웹 서비스를 이용하는 사용자가 볼 수 있는 부분(front layer)이고, 백엔드는 볼 수 없는 부분(back layer)입니다. 빅테크 기업인 네이버, 다음 카카오 등이 대표적인 웹 개발 기업입니다.

프런트엔드 개발자는 사람들이 웹 사이트를 쉽게 사용할 수 있도록 기술적으로 구현해야 합니다. 그래야 시장에서 경쟁력 있는 서비스가 되기 때문입니다. 따라서 프런트엔드 개발자는 사용자 경험(user experience, UX)과 사용자 인터페이스(user interface, UI)를 최적화하는 데 초점을 맞추어 서비스를 개발합니다.

예를 들어 포털 사이트인 네이버(www.naver.com)를 접속하면 사용자에게 맨 처음 보여 주는 화면의 디자인과 UX/UI, 다양한 기능 등을 프런트엔드 개발자가 구성합니다. 그래서 프런트엔드 개발자는 HTML, CSS, 자바스크립트, 리액트(React), 뷰.js(Vue.js) 등의 프로그래밍 언어를 알아야 하고 백엔드에 비해 상대적으로 디자인 능력을 강조합니다.

그림 1-16 프런트엔드 개발자의 업무 영역인 UX/UI

그림 1-17 프런트엔드 개발자가 알아야 할 프로그래밍 언어

백엔드 개발자는 사용자가 보지 못하는 영역인 서버나 데이터베이스를 관리합니다. 프런트엔드 개발자가 사용자 인터페이스를 다룬다면, 백엔드는 실제로 사용자가 원하는 정보를 제공할 수 있도록 데이터를 관리하거나 서버를 운영하는 일을 합니다. 다시 말해 백엔드에서는 프런트엔드에 있는 사용자가 하고자 하는 행동을 처리합니다. 따라서 백엔드 개발자는 시스템 컴포넌트 작업, API 작성, 라이브러리 생성, 데이터베이스 통합 등 다양한 개발 활동을 합니다. 그래서 백엔드 개발자는 자바, 자바스크립트, JSP(Java Sever Page), 스프링(Spring), 스프링 부트(Spring Boot) 등의 프로그래밍 언어를 잘 다룰 줄 알아야 합니다.

▶ 프런트엔드와 백엔드 개발자가 알아야 할 프로그래밍 언어는 03-1절 '어떤 교육을 받아야 할까요?'에서 자세히 살펴보겠습니다.

그림 1-18 백엔드 개발자가 알아야 할 프로그래밍 언어

❷ 앱 개발자

앱 개발자는 크게 PC 앱 분야와 스마트폰의 모바일 앱 분야로 나눌 수 있습니다. PC 앱 개발 분야에서 프로그래밍 언어는 C++, C#, 비주얼 베이직(Visual Basic) 등이 필요하며, 모바일 앱 개발 분야라면 자바, 리액트 네이티브(React Native), 코틀린(Kotilin), 플러터(Flutter), 스위프트(Swift) 등을 알아야 합니다.

그림 1-19 PC 앱과 모바일 앱 개발자가 알아야 할 프로그래밍 언어

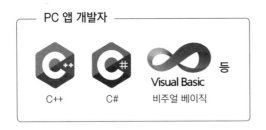

❸ 데이터 과학자

데이터 과학자는 이름 그대로 데이터 분석을 담당합니다. 경영학, 경제학 등을 전공했다면 계량경제학(Econometrics)에서 접할 수 있는 데이터 분석 방법론인 상관 분석(Correlation Analysis), 회귀 분석(Regression Analysis), 시계열 분석 ARIMA(Autoregressive Integrated Moving Average) 등

을 통해 사실 관계를 분석할 수 있습니다. 그리고 ANN(Artificial Neural Network), DNN(Deep Neural Network), CNN(Convolutional Neural Network) 등의 회귀 모형, 시계열 분석 방법론 RNN(Recurrent Neural Network), LSTM(Long-short Term Memory), GRU(Gated Recurrent Units) 등의 인공지능 방법론을 활용할 수 있습니다. 그러므로 데이터 과학자는 파이썬, R, SPSS, SAS와 데이터베이스를 다루는 SQL 등을 기본으로 알아야 합니다.

그림 1-20 데이터 과학자가 알아야 할 프로그래밍 언어

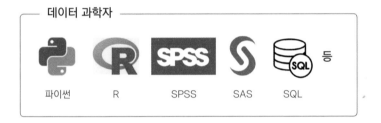

❹ 시스템 엔지니어

시스템 엔지니어의 주요 임무는 서버를 관리하는 것입니다. 이 분야는 사용자 눈에 보이지 않는 서버 상태, 데이터베이스 등을 관리하는 직무로서 리눅스, 윈도우 서버 등의 운영체제 지식을 갖춰야 합니다. 그래서 해당 서버를 운영·관리하는 스크립트를 작성하거나 오류를 해결하는 로그를 분석하는 등 다양한 역할을 합니다.

❺ 데이터베이스 관리자

데이터베이스 관리자(database administrator, DBA)는 많은 양의 데이터를 더 효율적으로 관리할 수 있도록 최적화하는 역할을 합니다. 이 분야에서는 데이터베이스를 다루는 기본 지식보다 최적화된 지식을 요구하므로 신입 사원보다 경력 사원 채용이 더 활발합니다.

예를 들어 연말연시에 새해 인사를 보낼 때 모바일 메신저를 많이 활용합니다. 몇 년 전까지만 하더라도 모바일 메신저를 이용해 많은 사용자가 메시지를 보내면 일부는 전송되지 않거나 매우 늦게 전달되는 등 장애가 발생하곤 했습니다. 이러한 문제가 발생할 때 서버를 확충하는 방법도 사용하지만 데이터베이스 관리자가 대용량 데이터 관리의 효율성을 높임으로써 해결할 수도 있습니다.

개발자가 알아야 할 프로그래밍 언어를 정리해 봅시다.

표 1-10 5가지 업무 분야별 개발자가 알아야 할 프로그래밍 언어

분야		프로그래밍 언어 및 지식
웹 개발자	프런트엔드	HTML, CSS, 자바스크립트(JavaScript), 리액트(React), 뷰.js(Vue.js) 등과 디자인 능력 강조
	백엔드	자바(Java), 자바스크립트, JSP, 스프링(Spring), 스프링 부트(Spring Boot) 등
앱 개발자	웹 앱	C++, C#, 비주얼 베이직(Visual Basic) 등
	모바일 앱	자바, 리액트 네이티브(React Native), 코틀린(Kotln), 플러터(Flutter), 스위프트(Swift) 등
데이터 과학자		파이썬(Python), R, SPSS, SAS, SQL 등
시스템 엔지니어		리눅스, 윈도우 서버 등의 운영체제
데이터베이스 관리자(DBA)		대용량 데이터 관리의 효율성

대표적인 SW 개발자, 빌 게이츠

SW 개발 분야에서도 가장 대단한 개발자로 꼽히는 인물로 마이크로소프트 (Microsoft Corporation, MS)의 빌 게이츠(Bill Gates, 1955~)를 들 수 있습니다. 빌 게이츠는 하버드 대학교 법학과 재학 시절 하니웰(Honeywell)이라는 소프트웨어 회사에서 친구인 폴 앨런(Paul Gardner Allen)과 함께 인턴 사원으로 잠시 근무한 경험을 기반으로 소프트웨어 회사 설립을 꿈꿨습니다. 1975년 4월, 빌 게이츠는 폴 앨런과 함께 마이크로소프트를 설립하고 PC용 운영체제인 MS-DOS를 개발하여 MS의 운영체제 역사가 시작됩니다.

필자는 빌 게이츠의 많은 명언 가운데 "자신의 힘으로 전진하라"와 "모든 일을 스스로 해결하라"라는 말을 공감합니다. 개발자가 되려면 프로그램 개발 능력을 갖추어야 합니다. 프로그램 개발은 내가 해야 하는 것이지 다른 사람의 소스 코드를 복사 & 붙여넣기하는 것이 아닙니다. 이는 마치 학창 시절에 수학 문제를 혼자서 풀지 않고 해설과 정답만 외우는 것과 마찬가지로 아무 의미가 없는 것입니다.

실제로 필자가 대학에서 학생들에게 프로그래밍 언어를 강의하면서 "남의 것을 보고 따라 하지 말라"고 강조합니다. 최근에는 챗GPT가 등장하여 자신이 혼자 풀기 힘든 문제를 챗GPT에 물어보는 학생도 있습니다. 물론 챗GPT가 필요한 정보를 얻는 데 유용할 수 있습니다. 하지만 그것은 프로그래밍 능력을 어느

그림 1-21
챗GPT 로고

정도 익혔을 때 새로운 알고리즘이나 방법론을 챗GPT에게 질문할 수는 있지만 시작부터 의지하는 것은 지양해야 합니다. 또한 인공지능 기술은 100%란

없으므로 챗GPT가 내놓은 답변을 맹신해서도 안 됩니다. 그래서 저는 프로그래밍을 처음 배우는 입문자에게 이렇게 말합니다.

"인공지능 기술 사용자가 아니라 인공지능 기술 프로그램을 만드는 개발자가 되세요!"

품질 📝 — 우리가 만든 서비스를 사용하는 데 어떤 어려움이 있을까?

마지막으로 품질 부문에서는 서비스(상품)를 개발하거나 개발한 서비스의 완성도를 검증하는 역할을 하며, 서비스를 출시한 뒤 사후 검증과 고객 이슈에 대응하는 일을 합니다.

품질 관리자의 역할

01-4절 도입부에서 이야기한 것처럼 메신저 앱을 개발하고 있거나 서비스를 출시한 후에도 다양한 테스트를 하여 버그(오류)를 보고하는 역할은 품질 관리자와 품질 부서원의 직무입니다.

우리가 만든 서비스를 사용하는 데 어떤 어려움이 있을까?

품질 관리자는 품질 팀의 리더로서 개발 팀과 일정을 조율하거나 업무 분배 등을 하여 품질 부서를 이끌어 나갑니다.

예를 들어 특정 서비스를 개발한 뒤 품질 검증도 하지 않고 바로 출시할 수는 없습니다. 소프트웨어는 몇몇 기능이나 줄(line)로 완성되지 않기 때문입니다. 실제로 프로젝트에 따라서 수십 명, 수백 명을 투입하는 경우도 있는데, 각각 맡은 기능에 따라 역할이 달라집니다. 그렇게 수십 수백 명이 기능을 하나씩만 수정하면, 다른 기능과 엮이면서 버그가 발생할 수도 있어서 개발할 때에도 여러 단계로 나눠서 품질 검증을 해야 합니다.

ICT 분야에서 고객 서비스(customer service, CS)에 해당하는 품질 부서는 실제로 ICT를 기반으로 하는 상품이나 서비스를 개발하면서 출시하기 전에 품질 상태를 체크하며, 출시한 후에는 고객의 민원을 접수하여 대응하기도 합니다. 그래서 개발 팀에서는 개발을 하면서 부분적으로 완료한 기능은 단위 테스트(unit test)를, 그리고 품질 팀에 의뢰하여 반복해서 종합적인 통합 테스트(integration test)를 진행하기도 합니다. 또한 해당 상품이나 서비스를 출시한 이후 고객으로부터 문제점을 접수받으면 품질 팀에서 1차로 대응하여 확인하고 개발 팀에 수정을 의뢰하는 프로세스를 거칩니다.

품질 부서의 구분과 하는 일, 취업 방법

품질 부서는 고객의 품질 보증과 확보를 목표로 하며 다음처럼 크게 QM, QA, QC, QE로 나뉩니다.

표 1-11 품질 부서의 구분과 하는 일

품질 부서	하는 일
QM (quality management)	품질 자체만으로는 부족하다는 점에 착안하여 기획, 설계, 제조, 판매 등 모든 절차에서 품질 관리를 합니다.
QA (quality assurance)	고객에게 품질 좋은 상품이나 서비스를 제공하기 위해 품질 수준을 설정합니다.
QC (quality control)	상품이나 서비스 품질이 사용자의 요구 사항을 충족하는지 확인합니다.
QE (quality engineering)	품질 수준을 만족시키기 위해 경영, 생산 등에서 전반적인 활동을 합니다.

▶ 품질 부서는 이렇게 구분할 수도 있지만 기업의 규모에 따라 다를 수도 있습니다.

ICT 품질 분야에 취업할 때 프로그램 개발 능력은 필수 조건이 아닙니다. 물론, 품질 관리자도 프로그램 개발의 배경지식을 갖추면 분명 도움은 될 수 있습니다. 최근에 소프트웨어의 품질과 관련해서 떠오르는 자격시험으로 ISTQB가 있습니다. 테스터, 테스트 분석과 소프트웨어 개발 등 소프트웨어 테스팅의 기본 개념을 알고 실용 지식을 입증하는 시험입니다.

 개발자 1분 상식

ISTQB 자격증

ISTQB란 비영리 국제 소프트웨어 테스팅 전문가 네트워   **그림 1-22** ISTQB 시험
크인 국제SW테스팅자격위원회(International Software
Testing Qualification Board, ISTQB)에서 주관하는 국제
자격증 프로그램입니다. 특정 기업이나 국가에 제한하지 않

고 한번 취득하면 전 세계 어느 국가에서나 통용되며, 유럽과 아시아를 중심으로 130여
개국이 가입하여 활발히 활동하고 있습니다.
우리나라에서는 2005년 초에 ISTQB 자격시험을 도입했고, 이후 정기 시험과 교육
후 시험, 사내 시험(on-site)을 시행하고 있습니다. 시험 일정과 신청은 [STEN(www.
sten.or.kr) → ISTQB] 메뉴를 클릭해 확인하세요.

필자는 SW 연구원으로 직장 생활을 하면서 품질 부서를 통해 통합 테스트를 진행하곤 했습니다. 이때 품질 부서원은 사용자 입장에서 제가 개발한 SW를 다루는 기술을 기본으로 하여 예외 상황에서 발생할 수 있는 여러 문제점을 도출해 주었습니다. 문제점을 도출할 때마다 관련 실행 기록인 로그 파일 등을 확보하여 공유해 주었고, 저는 그 문제점을 수정했습니다. 이렇듯 품질 관리자와 품질 부서원은 SW 개발 기술자보다 더 꼼꼼하고 정확성이 필요하다고 볼 수 있습니다.

품질 우선주의, 이건희

앞에서 설명한 것처럼, 품질 분야에서는 고객의 입장에서 생각할 줄 아는 역지사지(易地思之)와 꼼꼼함이 핵심이라고 볼 수 있습니다. 그리고 품질 분야에서 이를 강조한 유명인으로는 삼성전자의 고(故) 이건희 회장 (1940~2020)을 꼽을 수 있습니다.

이건희 회장은 1993년 독일 프랑크푸르트에서 신(新)경영을 선언하면서 '양보다 질'을 강조하는 '품질 경영'을 강조했습니다. 또한 기존 양 위주의 의식, 체질, 제도, 관행에서 벗어나야 한다고 강조했습니다.

1995년 1월에는 "불량품은 새 제품으로 교환하라"는 지시를 내리고 수거한 제품을 소각하기도 하며 직원들에게 품질 우선주의 의식을 높였습니다. 이후 불량률은 절대적으로 낮아졌으며 이러한 이미지로 삼성전자는 휴대전화, 반도체 등 전자제품과 부품 분야에서 세계 상위권을 차지했습니다.

 배운 것을 정리해 볼까요?

- ICT 분야는 크게 기획, 개발, 품질로 나뉩니다.
- **기획** 분야는 서비스, 상품을 더 편리하게 만들기 위해 해결해야 할 문제를 정의하고 관련 부서와 협업하여 문제를 풀어 가는 역할을 합니다. (핵심 가치: 분석력, 창의력)
- **개발** 분야는 웹 개발자, 앱 개발자, 데이터 과학자, 시스템 엔지니어, 데이터베이스 전문가 등으로 나눌 수 있습니다.(핵심 가치: 실행력, 수행 능력)
- **품질** 분야는 사용자의 입장에서 역지사지하는 자세를 갖추어야 합니다. (핵심 가치: 공감 능력, 꼼꼼함)

01-5

대기업에 취업하고 싶은데
회사명이 비슷해서 헷갈려요!

취업을 준비한다면 삼성, LG 등 대기업에 입사하고 싶을 거예요. 하지만 개발 세계에서는 같은 기업체라고 하더라도 계열사마다 기업명이 비슷하면서도 다르고, 그에 따라 개발자가 하는 일도 차이가 있습니다. 이번 절에서는 개발자 직군을 이해하기 쉽도록 채용하는 국내 회사 위주로 설명하겠습니다.

삼성전자와 삼성SDS는 다른 기업이다!

SW를 개발하거나 유지보수하는 직무는 규모만 다를 뿐 ICT 관련 기업이라면 거의 대부분 반드시 존재합니다. 하지만 기업체마다 세부 직무의 역할은 다릅니다.

알쏭달쏭 IT 용어 사전

- B2C(business-to-customer): 기업과 다수의 개인을 상대로 하는 비즈니스 모델
- B2B(business-to-business): 기업과 기업 사이의 거래를 기반으로 하는 비즈니스 모델

국내 4대 그룹의 대표 B2C 기업과 해당 그룹의 IT 전문 계열사를 구분해 보겠습니다. 삼성그룹은 삼성전자와 삼성SDS, LG그룹은 LG전자와 LG CNS, 현대자동차 그룹은 현대자동차와 현대오토에버, SK 그룹은 SK 텔레콤과 SK C&C가 있습니다.

그림 1-23 국내 4대 그룹의 대표 B2C 기업과 해당 그룹의 IT 전문 계열사

이 기업에서 채용하는 개발 분야는 같은 SW라 해도 역할이 다릅니다. 예를 들어 같은 삼성이라도 '삼성전자'와 '삼성SDS'에서 요구하는 개발자의 역할이 다르다는 이야기입니다. TV, 냉장고, 에어컨 등 가전제품을 기획·연구하는 '삼성전자'의 개발자와 삼성전자 또는 타사 제품이나 서비스 개발에 참여하는 '삼성SDS' 개발자의 역할이 다른 것처럼 말이죠.

삼성전자의 개발자는 사내에서 경쟁사를 앞서 나갈 다양한 신기술이나 신기능 등을 기획·제안하고 그것을 연구·개발하는 역할을 합니다. 그리고 삼성SDS의 개발자는 삼성전자 등의 기업에서 기획한 개발 건에 대해서 필요에 따라 개발에 참여하는 역할을 합니다. 이때 비용은 삼성전자가 지불하고 삼성SDS가 단독 또는 협력 개발을 하는 것으로 생각하면 됩니다.

이와 관련해서 개발을 주관하는 삼성전자, LG전자와 같은 기업을 '발주사'라고 하고, 삼성SDS와 LG CNS와 같이 발주사의 개발을 돕는 기업을 '협력 개발사'라고 합니다. 만약에 A라는 기업의 신기술을 B라는 기업이 사용하는데 그 원천 기술이 A 기업에만 있어서 계약을 맺고 사용할 수 있을 때, A 기업을 '솔루션 기업'이라고 합니다.

▶ 협력 개발사의 직무와 관련해서는 SI/SM 업무의 특징을 참고하세요.

앞서 본 것처럼 상위 4개의 대기업 그룹만 예를 들어도 해당 그룹 계열사에 ICT 부문을 담당하는 회사가 따로 있을 정도로 시장이 매우 큽니다.

그 외에도 포스코 그룹은 posco ict, 롯데 그룹은 롯데정보통신, KT 그룹은 kt ds, 신세계 그룹은 SHINSEGAE I&C, 금호아시아나 그룹은 ASIANA IDT, 한화 그룹은 한화S&C 등이 있습니다. 이처럼 그룹 규모의 대기업에서는 ICT 서비스 전문 계열사를 따로 두고 있다고 보면 됩니다.

그림 1-24 그 외 국내 그룹의 대표 B2C 기업과 해당 그룹의 IT 전문 계열사

ICT 전문 기업에서 개발자의 역할 — SI와 SM

협력 개발사의 직무와 관련해서 알아 두면 좋을 용어가 있습니다. 바로 SI와 SM입니다. ICT 전문 기업에서 개발자의 역할은 크게 SI(system integration)와 SM(system management)으로 구분됩니다. 간단히 정의하면, SI는 '시스템 통합'을 의미하며 시스템을 구축하는 업무를 담당합니다. 그리고 SM은 '시스템 관리'를 뜻하며 시스템 운영 및 유지보수 업무를 맡습니다. 이 용어는 앞에서 살펴본 삼성그룹의 삼성SDS, LG그룹의 LG CNS, SK 그룹의 SK C&C, 현대자동차그룹의 현대오토에버 등 ICT 전문 계열사에서 많이 통용하는 직무입니다.

SI 분야 개발자는 시스템 개발 초기부터 완료할 때까지 참여합니다. 기획 팀의 기획서를 기반으로 개발 계획을 수립하여 맡은 분야별로 프로그램 개발을 진행합니다. 개발이 완료되면 SM 분야 개발자는 해당 시스템을 유지보수하는 일을 합니다. 시스템을 운영하면서 발생하는 오류를 수정하고, 개선해야 할 기능을 수정·추가하는 역할을 합니다.

표 1-12 국내 ICT 전문 기업에서 SI와 SM의 구분

구분	SI(시스템 통합)	SM(시스템 관리)
하는 일	개발의 시작부터 끝까지(시스템 구축)	시스템 운영 및 유지보수
업무 강도	상대적으로 높음	상대적으로 낮음
워라벨	상대적으로 나쁨	상대적으로 좋음
연봉	상대적으로 높음	상대적으로 낮음

▶ SI와 SM 업무의 특징은 회사, 팀, 프로젝트 등의 분위기와 상황에 따라 달라질 수 있습니다.

SI와 SM 업무의 특징을 간단히 살펴보겠습니다. 먼저 SI 업무는 개발의 시작부터 끝까지 참여하기에 배움의 기회가 많고, 다양한 분야와 기술을 경험할 수 있습니다. SI 직군은 상대적으로 수요가 많아 융합 개발자에게 취업의 문이 상대적으로 넓은 분야입니다. 또한 프로젝트에 따라 SI 업무를 마치면 일부 인원은 SM 개발자로 잔류하기도 합니다.

SI와 SM 직군 중에 자신은 어느 쪽에 잘 맞을지 살펴봅시다.

개발자 1분 상식

입사 후 대기업의 사내 대학

ICT 관련 대기업에서 인력난을 해소하고 인재를 육성하기 위해 사내 대학을 강화하고 있습니다. 직원들이 현업에 필요한 전문성을 갖출 수 있도록 교수진, 커리큘럼을 보강해 기존 사내 대학을 업그레이드하거나 정식 대학원 추진으로 위상을 높이는 기업도 있습니다.

삼성전자의 **삼성전자공과대학**(SSIT: SAMSUNG Institute of Technology)
교수진은 2020년 3명이었지만 현재 31명이며, 외부에서 초빙하는 데 한계가 있다고 보고 현장에서 경험이 많은 내부 전문가로 꾸렸습니다.

SK하이닉스의 **SK하이닉스유니버시티**(SKHU: SK hynix University)
대학의 학제를 빌린 인재 양성 프로그램으로 2017년부터 기술사무직을 대상으로 시작했으며, 입사와 동시에 입학해서 8년 동안 50학점을 채워야 합니다. SK하이닉스 전직 임원과 현업 전문가들이 교수, 강사로 활동하면서 후배들에게 기술 노하우를 전수해 주는 방식입니다.

LG전자의 **LG AI 대학원**(LG AI Graduate School)
2022년부터 LG 주요 계열사 임직원을 대상으로 석박사 과정을 운영하고 있습니다. 이 과정을 마치면 현업으로 돌아가 AI 프로젝트를 맡는 방식입니다.

그리고 SI 업무는 일정 등에 상대적으로 제약을 많이 받아 야근 등 초과 근무를 해야 하거나, 발주사의 상황에 따라 요구 사항이 종종 변경되기도 합니다. 그에 따라 SM 직무보다 수당이나 인센티브 등의 총 급여도 높은 편입니다.

반면 **SM** 업무는 SI 개발자가 개발을 완료한 후 추가로 성능을 보완하거나 이슈에 대응하는 등의 유지보수하는 일을 합니다. SI 개발자가 해당 시스템을 개발한 후 그중에 SM 직무로 전환하여 잔류하기도 하지만 처음부터 SM 직무로 파견될 수도 있습니다. 그리고 집을 짓는 것보다 완성된 집을 보완하거나 고치는 관리 업무가 상대적으로 업무 강도가 낮은 것과 같이, SM 업무도 SI 업무에 비해 상대적으로 워라벨이 좋은 편입니다.

앞서 소개한 발주사에서는 제품이나 서비스를 같이 개발할 인력이 필요하면 협력 개발사에 SI 인력을 요청하곤 합니다. 또한 어떤 시스템을 구축 완료한 상태에서는 해당 시스템을 모니터링 하고, 오류나 이상 현상 등에 대응해야 할 때 협력 개발사에 SM 인력을 요청하곤 합니다.
따라서 여러분이 취업 공고에서 'SI'과 'SM'이라는 키워드가 보이면, 이러한 차이가 있다는 점을 염두에 두고 자신에게 적합한 직군에 지원해 보세요.

 배운 것을 정리해 볼까요?

- SW 개발에서 개발자의 역할은 기업에 따라 다를 수 있습니다.
- 제4차 산업혁명 시대의 ICT 시장은 코로나19 팬데믹으로 더 커졌지만, 이후 엔데믹에서도 크게 줄어들지 않았습니다.
- SI = 시스템 개발, SM = 시스템 유지보수

연극영화과를 졸업했지만
금융 IT 기업에서
백엔드 개발을 하고 있어요!

이름	최작가(가명)
전공	연극영화과
경력	방송국, 보도국 작가, AD
현재	금융 IT 기업(3년 차)

▶ AD(assistant director): 조연출

자기소개 부탁합니다.

👩 금융 IT 기업의 백엔드 쪽에서 3년째 근무하고 있는 최작가라고 합니다. 은행에서 예금 상품의 입출금 수신 시스템을 만들고 있습니다.

대학에서 뭘 전공했죠?
사회 경험은 어떻게 되나요?

👩 연극영화학을 전공했고, 방송국에서 7년쯤 근무했어요. 정확히 말한다면 방송국에서 6개월, 보도국에서 5년 근무했습니다.

진로를 IT 분야로 바꾼
계기는 무엇인가요?

👩 외국에서 근무하다가 2020년 5월쯤 귀국했는데요. 그때 주로 제4차 산업혁명, 인공지능과 관련된 책을 읽었습니다. 그래서 '코딩을 한번 공부해 보자'라고 마음먹고 책을 사서 독학했습니다. 그러다가 '실제로 쓸모 있는 것을 만들어 봐야겠다'라는 생각이 들어 대학교에 다시 입학했습니다.

비전공자라서 공부하기
힘들었을 텐데요?

👩 1년간 공부하면서 크게 3번쯤 울었습니다. 낯선 공부를 하는데 10시간, 12시간을 코딩에만 몰두해야 해서 체력도 심적으로도 힘들고 답답했습니다. 그래도 같이 공부하는 친구들이 있어서 도움을 많이 받았습니다.

대학 전공이나 사회생활에서
얻은 배경지식이
현업 직무에 도움이 되나요?

저는 많이 도움이 된다고 생각합니다. 프로그래밍은
컴퓨터와 사람 간에 1:1로 의사소통을 하지만 개발자 직종은
사람 간의 소통도 많습니다. 내가 아는 것을 사람들에게 알기
쉽게 친절하게 설명하는 일도 많아서 설명하는 능력, 어휘 능
력도 중요합니다. 그래서 저는 그런 점에서 칭찬과 인정을 많
이 받았습니다.

코딩의 매력은
뭐라고 생각하나요?

문제를 해결하는 맛에 있다고 생각합니다. 내가 계획한
대로 만들고 잘 동작하는 것을 보면 뿌듯합니다. 알기 어려운
문제가 발생했을 때는 힘들기도 하지만, 해결했을 때의 뿌듯
함은 엄청 큽니다.

예비 개발자를 위해
한마디 부탁합니다.

전공자 분들은 계획을 세우고 차곡차곡 준비해서 개발
자의 길을 찾아오셨으니 더 드릴 말씀은 없고요. 비전공자분
들은 시작이 쉽지 않겠지만 최소 6개월만 버텨 보라고 말씀
드리고 싶어요. 너무 쉽게 그만두지 마세요. 개발 일은 자기
혼자 스스로 처음부터 계속해서 해나가는 것이 중요합니다.
결국 회사에 입사해서도 스스로 늘 공부해야 하기 때문이죠.
그래서 끈질기게 공부할 수만 있다면 개발 쪽 일을 해보아도
좋을 것 같습니다. 수학을 잘하지 못하더라도 너무 걱정하지
마세요. 예체능 전공자인 저도 잘 적응해 나가고 있습니다.

02

내 개발 성향을
알아보고 싶어요!

MBTI 성격 유형 검사처럼 자신이 개발자로 적합한지 알아보는 건 어떨까요? 이번 장에서는 자신의 개발 성향을 알아볼 수 있는 RDTI를 소개합니다. 진단 테스트 3개를 진행해서 나온 결과로 RDTI 점수를 계산해서 자신의 개발자 유형을 산출하는 것입니다.

시험이라고 생각하지 말고 편안한 마음으로 자신을 진단해 보세요. 진단 검사에서 나온 결과는 절대적인 기준이 되진 않지만 RDTI 점수에 따른 개발자 유형을 해석해서 자신의 성향을 참고할 때 도움이 될 것입니다.

02-1

나의 진로 성향을 알아볼까요?
— EDT 진로탐색진단과 창의력/논리력(SCL) 테스트

이번 절에서는 먼저 자신의 진로 성향을 확인할 수 있는 간편 검사로 'EDT 진로탐색진단'과 '창의력/논리력(SCL) 테스트'부터 진행해 봅시다. 그리고 02-2절에서는 간단한 프로그래밍 기초 문법으로 코딩 적용 능력(SPA) 테스트를 합니다. 이 3가지 테스트 결과를 토대로 02-3절에서 나는 어떤 연구&개발 유형인지, 즉 RDTI(Research&Development Type Indicator)를 확인할 수 있습니다.

▶ EDT는 EBS Diagnosis Evaluation & Treatment System의 줄임말입니다.

나의 잠재 가능성을 탐색해 볼까요? — EDT 진로탐색진단

먼저 EBSi에서 제공하는 'EDT 진로탐색진단'으로 R/I/A/S/E/C의 6가지 직업 특성 유형 분류에 따라 특정 영역에서 발휘할 수 있는 자신의 잠재 가능성을 탐색해 보겠습니다.

'EDT 진로탐색진단'은 직업과 관련된 다양한 능력을 어느 정도 갖추고 있는지 스스로 진단하는 간편 검사로, 여기에서 나온 진로 성향 결과는 02-3절의 RDTI 점수에 따른 개발자 유형을 해석할 때 정성적인 자료로 사용합니다.

▶ R/I/A/S/E/C이란 Realistic, Investigative, Artistic, Social, Enterprising, Conventional 첫 글자를 따서 조합한 것입니다.

'EDT 진로탐색진단' 간편 검사는 다음 4종류로 구분할 수 있으며, 각각 6문항씩 총 24 문항이고 소요 시간은 10분입니다.

❶ 평소 좋아하거나 하고 싶은 활동(일)은 무엇인가? — 활동

❷ 자신이 잘할 수 있는 특성(분야)은 무엇인가? — 역량

❸ 어떤 종류의 활동(일)을 잘하거나 잘할 수 있는가? — 유능감

❹ 평소 흥미나 매력을 느끼는 직업은 무엇인가? — 직업

EBSi의 'EDT 진로탐색진단'을 따라 해보고, 자신의 환경 여건과 성격, 적성을 바탕으로 진로 성향을 파악해 보겠습니다.

▶ 'EDT EBS 진로탐색진단'은 EBSi(www.ebsi.co.kr)에 접속해 왼쪽 메뉴에서 [입시 정보 → 진로탐색검사]를 클릭하면 자세히 살펴볼 수 있습니다.

EDT 진로탐색진단 간편 검사

1. EBSi의 'EDT 진로탐색진단' 링크에 접속해서 들어가거나, 스마트폰 카메라 기능으로 오른쪽 QR코드를 찍어 해당 URL에 접속합니다.

- **EDT 진로탐색진단**: www.ebsi.co.kr/ebs/xip/career/careerHome.ebs
- **축약 주소**: bit.ly/RDTI_EDT

2. EBSi에 로그인한 후 [단 10분! 진로탐색 간편검사 체험하기]를 클릭합니다.

▶ 옳거나 틀린 답을 찾는 것이 아니므로 평소 자신이 생각한 대로 솔직하게 선택하면 됩니다. 재응시도 할 수 있으며 최종 검사 결과만 저장됩니다.

3. 검사를 마치면 결과는 6가지 직업 특성 유형인 현장형(Realistic), 탐구형(Investigative), 예술형(Artistic), 사회형(Social), 리더형(Enterprising), 사무형(Conventional) 가운데 2개를 조합하여 나옵니다. 하나는 직업·여가·가정생활 등 환경 여건과 관련되고, 나머지 하나는 개인의 성격·적성과 관련됩니다.

4. EDT 진로탐색진단 간편 검사 결과, 나의 진로 성향 2가지를 작성해 보세요.

EDT 진로탐색진단 간편 검사 결과, 나의 진로 성향: _____ 형, _____ 형

나의 창의력/논리력을 진단해 볼까요? ─ SCL 테스트

이번에는 ICT 분야 연구원의 필수 역량인 창의력과 개발자의 필수 역량인 논리력과 관련한 난센스 퀴즈를 풀어 자신의 창의력/논리력을 테스트해 보겠습니다. SCL 테스트 문항은 1점씩 총 10개이고, 틀린 문항은 점수가 부여되지 않습니다.

▶ SCL은 score for creativity and logical thinking의 줄임말입니다. 'SCL 테스트'는 필자가 직접 만든 간편 검사입니다.

창의력/논리력 테스트

1. 다음 링크에 접속해서 들어가거나 스마트폰 카메라 기능으로 오른쪽 QR코드를 찍어 해당 URL에 접속합니다.

- 창의력/논리력 테스트: forms.gle/ydyL8r3UCLEf4Lzv6
- 축약 주소: bit.ly/RDTI_SCL

2. 문항을 읽고 나서 잠시 생각한 뒤, 자신이 생각한 답과 가장 가까운 것을 고르세요. 문항 10개의 답을 모두 선택했으면 맨 아래 왼쪽에서 [제출]을 클릭하세요.

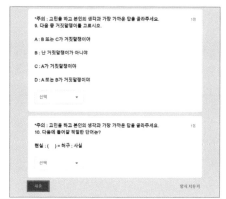

3. [점수 보기]를 누르면 자신의 점수를 확인할 수 있습니다.

4. 나의 창의력/논리력 테스트 결과는 몇 점인지 작성해 보세요.

> 작성해 보세요!

　나의 창의력/논리력(SCL) 테스트 결과: ＿＿＿＿＿＿＿＿ 점

02-2

내 코딩 실력을 알아볼까요?
― 코딩 적용 능력(SPA) 테스트

이번 절에서는 간단한 프로그래밍 문법의 기초 개념을 먼저 알아보고 나서 이

와 관련한 문제에서 답을 찾는 코딩 적용 능력
(SPA) 테스트를 해보겠습니다. 모든 문항은 C,
C++, 자바, 파이썬 등에서 공통으로 해당하는
개념입니다. 문항은 총 6개입니다.

▶ SPA는 score for programming
ability의 줄임말입니다. 'SPA 테스
트'는 필자가 직접 만든 간편 검사입
니다.

SPA 테스트는 입문자를 위한 것으로 이미 현직에서 근무하는 프로그램 개발
자 분들에게는 너무나도 쉬운 내용입니다. 개발 실력 테스트를 본격적으로 해
보고 싶다면 03-2절에서 소개하는 카카오와 라인의 코딩 테스트 기출 문제
나 프로그래머스 스쿨을 통해 판단해 보세요.

코딩 테스트 준비하기 ― 구글 코랩 들어가기

1. PC를 이용한다면 파이썬에 기반한 구글 코랩(Colab)에 접
속해서 진행합니다. 하지만 PC나 스마트폰 없이 펜으로 직접
적으면서 할 수도 있고, 스마트폰의 카메라 기능으로 오른쪽
QR코드를 찍어 테스트할 수도 있습니다.

- **구글 코랩:** colab.research.google.com
- **축약 주소:** bit.ly/RDTI_SPA

▶ 구글 계정이 없다면 먼저 계정을 만들고 진행해 주세요.

2. 구글 계정으로 로그인한 후 상단 메뉴에서 [파일 → 새 노트]를 선택합니다.

3. 아무것도 없는 빈 노트가 나타나는데요, 입력 창에 print("hello world")를 입력하고 왼쪽의 실행 버튼(⊙)을 클릭하세요. 결괏값으로 hello world가 출력되는 것을 확인할 수 있습니다.

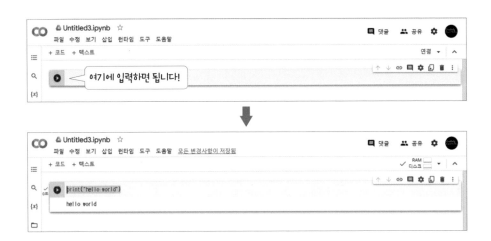

4. 지금까지 프로그램을 작성하고 실행하는 기본적인 작업 방법을 익혔습니다. 코딩할 준비를 마쳤으니, 다음으로 프로그래밍의 기초 개념과 함께 코딩 테스트를 해보겠습니다.

코딩의 기초 개념과 코딩 테스트

여기에서 소개하는 기초 개념은 꼭 알아 두세요.

여기에서는 프로그래밍의 기초 개념 5개를 먼저 살펴보고, 이어서 각각에 해당하는 코딩 테스트 문제 총 6개를 풀어 봅시다.

▶ 요즘 프로그래밍하면서 문제가 생기면 챗GPT 등 인공지능(AI)을 이용해 해결할 때도 있지만, 여기에서 설명하는 프로그래밍 기초 문법은 잘 알아 두는 것이 좋습니다.

기초 개념 I 문자열과 이스케이프 시퀀스

문자열(String)이란 문자, 단어 등으로 구성된 문자의 집합을 의미합니다. 그리고 문자열은 일반적으로 큰따옴표("")로 묶어서 표현합니다. 예를 들어 "hello world"처럼 문자열을 큰따옴표로 묶으면 hello world가 출력됩니다.

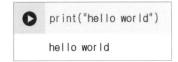

이스케이프 시퀀스는 역슬래시(\) 뒤에 문자나 숫자가 오는 조합을 의미합니다(\는 글꼴에 따라 ₩로 표시될 수도 있습니다). 그리고 이스케이프 시퀀스는 문자열 안에 포함되어 활용됩니다.

예를 들어 문자열 안에 큰따옴표를 표현하려면 역슬래시 뒤에 큰따옴표를 붙여 ₩" 이렇게 표현합니다. 그래서 "hello ₩"w₩"orld"라고 표현하면 소문자 w 앞뒤를 큰따옴표로 묶어 출력합니다.

▶ 이스케이프 시퀀스(escape sequence)란 프로그래밍 언어 특성상 표현할 수 없는 기능이나 문자를 표현해 주는 특수한 문자로, 컴퓨터를 제어할 목적으로 사용합니다. 이스케이프 시퀀스는 제어 시퀀스(control sequence), 이스케이프 문자, 확장 비트열이라고도 합니다.

코딩 테스트 1

이스케이프 문자 역슬래시 n(\n)은 한 줄을 내리는 역할을 합니다. 문자열 하나만 활용하여 hello world를 두 줄 출력하도록 오른쪽 빈칸을 채워 코드를 완성하세요(1점).

기초 개념 2 괄호(bracket)

우리는 수학에서 괄호가 있으면 괄호 안의 것을 먼저 연산한다고 배웠습니다. 예를 들어 3×7+2와 3×(7+2)의 결과는 분명 다릅니다. 앞의 수식은 순서대로 연산하면 되므로 23이고, 뒤의 수식은 (7+2)를 먼저 연산하여 3×9인 27이 됩니다.

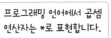

프로그래밍 언어에서 곱셈 연산자는 *로 표현합니다.

3×7+2=23의 결과

3×(7+2)=27의 결과

// 연산자는 a를 b로 나눈 정수 몫을 반환합니다. 예를 들어 3 // 2의 결과는 정수 몫인 1이 됩니다. // 연산자와 괄호( )를 활용하여 오른쪽 빈칸을 채워 코드를 완성하세요(2점).

```
print(        + 1)

3
```

기초 개념 3 논리 연산자

논리 연산자는 소건이 2개 이상일 때 활용하며 and와 or가 있습니다. 'and'는 두 조건이 모두 참일 때, 'or'는 두 조건 가운데 하나 이상 참일 때 True를 반환합니다. 그 외의 경우에는 False를 반환합니다.

예를 들어 변수 a에는 3, b에는 -2를 대입합니다. "a가 0보다 크고, b가 0보다 크다"는 논리 연산자 and를 사용했으므로 두 조건을 만족시켜야 True를 반환합니다. 그러나 b가 -2이므로 두 조건을 모두 만족시키지 못하므로 False를 반환합니다.

```
a = 3
b = -2
print(a > 0 and b > 0)

False
```

또 다른 예로, "a가 0보다 크거나 b가 0보다 크다"는 논리 연산자 or를 사용했으므로 한 조건 이상만 만족시키면 True를 반환합니다. 여기서는 두 조건 가운데 앞의 조건을 만족시켰으므로 True를 반환합니다.

```
a = 3
b = -2
print(a > 0 or b > 0)

True
```

코딩 테스트 3

논리 연산자를 활용하여 오른쪽 빈칸을 채워 코드를 완성하세요(2점).

```
a = -1
b = 1
print(a < 0      b > 0)

True
```

기초 개념 4 대입 연산자

대입 연산자 =는 왼쪽에 있는 변수에 오른쪽에 있는 값만큼을 계산한 후 대입하는 데 사용합니다. 예를 들어 a라는 변수에 3을 대입하는 코드는 오른쪽과 같이 a = 3입니다.

또 다른 예로, a 변수에는 3이 대입되고, b에는 a 변수의 값이 대입되는 코드는 오른쪽과 같습니다.

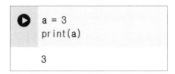

코딩 테스트 4

더하기 할당 연산자 +=는 오른쪽의 값을 더한 결과를 왼쪽 변수에 할당하는 데 사용합니다. 오른쪽 빈칸을 채워 코드를 완성하세요(1점).

기초 개념 5 모듈로 연산자

모듈로 연산자 %는 왼쪽의 값을 오른쪽의 값으로 나눈 후 남은 나머지를 의미합니다.

코딩 테스트 5

앞에서 학습한 연산자 가운데 2개를 활용하여 오른쪽 빈칸을 채워 코드를 완성하세요(2점).

83

코딩 테스트 6

% 연산자를 활용하여 나머지가 홀수인지 짝수인지를 판별해 보겠습니다. 홀수이면 1, 짝수이면 0이라는 결과를 보여 주도록 오른쪽 빈칸에 공통으로 들어갈 숫자를 써넣어 코드를 완성하세요(2점).

지금까지 코딩 테스트 문제 6개를 모두 풀었다면 다음 정답을 보고 스스로 채점해 봅시다.

문제	정답	점수(총 10점)
1	"hello world\nhello world"	1
2	(5 // 2), (2 // 1), (7 // 3) 등 // 연산자를 활용하고, 정수 몫이 2인 경우는 모두 정답	2
3	or 또는 and 모두 정답	2
4	7	1
5	%, //	2
6	2	2
총점		_____점

나의 코딩 적용 능력(SPA) 테스트 결과는 몇 점인지 작성해 보세요.

작성해 보세요!

나의 코딩 적용 능력(SPA) 테스트 결과: _____ 점

02-3

나는 어떤 연구&개발 유형일까요?
─ RDTI 진단

RDTI 점수로 개발자 유형 산출하기

RDTI(research&development type indicator)는 필자

그림 2-1 RDTI 로고

가 디자인한 4가지 개발자 유형입니다. RDTI는 02-1절의

창의력/논리력 테스트 점수인 SCL과 02-2절의 코딩 적용

능력 테스트 점수인 SPA를 기반으로 산출합니다. 그리고 02-1절에서 실시한

EDT 진로탐색진단 간편 검사 결과인 나의 진로 성향 2가지는 정성적인 참고

자료로 사용합니다.

▶ SCL은 score for creativity and logical thinking, SPA는 score for programming ability의 줄임말
입니다.

이 개발자 유형 4가지는 앞으로 프로그래밍 교육 등을 수강하면서 변경될 수
도 있습니다. 그래서 이 책을 읽고 있는 현재 시점에서 더 적합한 방향 또는
선택에 우선순위를 두고 추천한다는 것을 알아 두세요.

02-1절, 02-2절에서 진단한 테스트 결과 3가지를 다시 한번 한꺼번에 작성
해 보세요.

- EDT 진로탐색진단 결과 나의 진로 성향: ＿＿＿＿＿＿ 형, ＿＿＿＿＿＿ 형
- 나의 창의력/논리력(SCL) 테스트 결과: ＿＿＿＿＿＿ 점
- 나의 코딩 적용 능력(SPA) 테스트 결과: ＿＿＿＿＿＿ 점

> 앞서 검사한 3가지
> 결과를 정리해요!

02장에서 검사한 SCL과 SPA 가운데 어떤 점수가 상대적으로 더 높은지 확인
해 보세요. SCL이 SPA보다 높다면 CL형, 그 반대라면 PA형이 됩니다. 그리
고 SCL과 SPA의 차이가 1점 이하라면 CP_1형 또는 CP_2형에 해당합니다. 이때
EDT 결과에서 탐구형·예술형·사회형·리더형 성향이 나타났다면 CP_1형으로,
나머지 현장형·사무형 성향이 포함되었다면 CP_2형으로 생각하면 됩니다.

▶ CL은 creativity and logical thinking, PA는 programming ability, CP는 creativity & programming
의 줄임말입니다.

표 2-1 RDTI의 개발자 유형 4가지

개발자 유형	조건	설명
CL형	SCL 〉 SPA	SCL과 SPA가 2점 이상 차이 날 때
PA형	SCL 〈 SPA	
CP_1형	SCL ≒ SPA	EDT 결과에서 탐구형·예술형·사회형·리더형 포함
CP_2형	(1점 이하의 차이)	EDT 결과에서 현장형·사무형 포함

> 여기서 SCL과 SPA 점수는
> 절대적인 것은 아닙니다.

창의력과 논리력을 발휘하는 CL형(SCL > SPA)

CL형은 SCL이 SPA보다 2점 이상 높은 경우로, 창의력·논리력이 코딩 적용 능력보다 우수하고 다양하면서 자유로운 생각을 많이 하는 편입니다. 그래서 창의력을 중요하게 여기는 기획이나 연구 분야에 더 흥미를 느낄 수 있습니다. 또한 각종 아이디어를 제안하는 개발 기획 부문의 직무도 잘 맞습니다.

기업에서 **기획** 부문은 상품 기획, 경영 기획, 전략 기획, 콘텐츠 기획, 웹 기획 등으로 분류할 수 있습니다. 기획 부문은 조직의 가치를 높이기 위해 새로운 아이디어를 제안하고 실현하는 과정이므로 부서 간의 협업과 창의력이 특히 중요합니다. 그래서 기본 소양으로 창의적인 아이디어, 적극성과 추진력, 국내외 정보 수집 능력 등을 요구하고 있습니다.

또한 **데이터 과학** 직무도 좋습니다. 데이터 분석이란 가설을 세우고 그 가설이 맞는지를 검증하는 과정이며, 가설을 세우는 것 자체가 상상력이 필요하기 때문입니다. 또한 데이터 분석 과정에서 모든 가능성을 열어 두고 연결할 수 있는 스토리를 만들어야 하므로 상상력과 창의력을 갖춰야 합니다.

이렇게 SCL이 SPA보다 상대적으로 높다면 창의력을 발휘할 수 있는 ICT 기획, 데이터 과학자 등의 직무를 추천합니다. 이 직무와 관련해서 쌓아야 할 기술과 교육 등은 03-2절에서 자세히 알아보겠습니다.

CL형에게 추천해요!

개발자들 사이에서 빅테크 기업 5개는 줄여서 '네카라쿠배'라고 합니다!

- **직군**: ICT 기획, 데이터 과학자 등
- **회사**: 네이버, 카카오, 라인, 쿠팡, 배달의 민족 등의 빅테크 기업
- **프로그래밍 언어**: 파이썬 등

코드 적용 능력이 뛰어난 PA형(SCL 〈 SPA)

PA형은 SPA가 SCL보다 2점 이상 높은 경우로, 코드를 보고 적용하는 능력이 창의력·논리력보다 우수합니다. 프로그래밍 학습을 체계적이고 심도 있게 받으면 프로그램 개발에 소질이 있다고 칭찬도 들을 거예요. 또한 주어진 문제 해결 능력이 있기에 SI/SM을 주관으로 하는 기업에 입사하면 개발 분야에서 빛을 발휘할 수 있을 것입니다. 그러므로 PA형은 웹 개발, 앱 개발, 시스템 엔지니어, DBA 등 개발 직군 전체를 추천합니다.

특히 필자는 PA형에게 개발자로서 프로그래밍 언어를 다양하게 다룰 줄 아는 것도 중요하지만, 논리력과 꼼꼼함을 강화하기를 추천합니다. 예를 들어 UI에서 가운데 버튼을 누르면 특정 동작을 하는 경우를 가정하겠습니다. 그러면 이 버튼을 한 번 누를 때, 두 번 연속해서 누를 때, 시간을 두고 띄엄띄엄 누를 때 등 사용자 입장에서 다양한 경우를 생각해 보아야 합니다. 이러한 경우를 염두에 두고 꼼꼼하게 논리를 갖춰 나가는 것이 개발자의 중요한 소양입니다. 실제로 꼼꼼하고 논리적으로 코딩하지 않으면 예외 상황이 발생하여 오류(버그)를 일으키고, 그 결과 고객 클레임도 발생하기 때문입니다.

이렇게 PA형은 논리적이고 꼼꼼하게 코딩하는 부분이 상대적으로 강하므로 프로그램 개발을 직접 수행하는 개발 직군을 추천합니다. 그리고 이 직무와 관련해서 쌓아야 할 기술과 교육 등도 03-2절에서 자세히 알아보겠습니다.

> **PA형에게 추천해요!**
> - 직군: 웹 개발, 앱 개발, 시스템 엔지니어, DBA 등
> - 회사: 삼성SDS, LG CNS, SK C&C 등 ICT 기업(SI, SM 직무)
> - 프로그래밍 언어: 자바, JSP, 자바스크립트, MySQL 등

두루 소질 있는 CP$_1$형, CP$_2$형(SCL ≒ SPA)

CP$_1$형, CP$_2$형은 SPA와 SCL의 차이가 1점 이내로 비슷한 경우입니다. 이때 02-1절에서 확인한 자신의 EDT 진로 성향 2가지를 참고하세요. 'EDT 진로 탐색진단' 결과에서 기획·연구 성향이 강한 탐구형·예술형·사회형·리더형 이 포함되었다면 CL형(CP$_1$형)을, 현장형·사무형이 포함되었다면 PA형(CP$_2$형)으로 분류합니다.

> **CP$_1$형에게 추천해요!**
> - **직군**: ICT 기획, 데이터 과학자
> - **회사**: 네카라쿠배 등 빅테크 기업
> - **프로그래밍 언어**: 파이썬

> **CP$_2$형에게 추천해요!**
> - **직군**: 웹 개발, 앱 개발 등
> - **회사**: 삼성SDS, LG CNS, SK C&C 등 ICT 기업
> - **프로그래밍 언어**: 자바, JSP, 자바스크립트, MySQL 등

RDTI 진단에 따른 개발자 유형 해석이 진로를 결정하는 절대적인 기준이라고 단정 지을 수는 없지만, 자신의 성향을 참고해 볼 수 있는 자료로 도움이 될 것입니다. 이후 03-1절, 03-2절에서 설명하는 프로그래밍 언어와 교육 수강 방법 등 스펙 쌓는 방법과 관련해서 전체적으로 꼼꼼히 읽어 보면서 여러 분야의 가능성을 열어 두고 고민해 보기 바랍니다.

지금까지 설명한 RDTI 진단에 따른 4가지 개발자 유형의 해석 내용을 한눈에 알아보기 쉽게 정리했습니다.

표 2-2 RDTI 진단에 따른 개발자 유형 해석

개발자 유형		추천 분야	추천 직군	요구 능력	추천 프로그래밍 언어
CL형		• 기획 • 연구	• ICT 기획 • 데이터 과학자 등	창의력, 상상력, 논리력	파이썬 등
PA형		• 백엔드 개발 • 프런트엔드 개발	• 웹 개발 • 앱 개발 • 시스템 엔지니어 • DBA 등 개발 직군 전체	논리력, 꼼꼼함	자바, 자바스크립트, JSP, MySQL 등
CP₁형	탐구형, 예술형, 사회형, 리더형 포함	• 기획 • 연구	'창의력과 논리력을 발휘하는 CL형' 부분 참고		
CP₂형	현장형, 사무형 포함	• 백엔드 개발 • 프런트엔드 개발	'코드 적용 능력이 뛰어난 PA형' 부분 참고		

자신은 어느 유형에 속하는지 파악해 보세요.

수학과 졸업하고
금융 IT 기업에서
백엔드 개발을 하고 있어요!

이름	안수학(가명)
전공	수학과
경력	해병대 장교
현재	금융 IT 기업(3년 차)

자기소개 부탁합니다.

백엔드 개발자로서 금융 IT 기업에서 근무하는 안수학입니다. 카드 시스템 구축 프로젝트에 참여하고 있고, 주로 사용하는 언어는 자바(Java)입니다.

대학에서 뭘 전공했죠?
사회 경험은 어떻게 되나요?

수학을 전공했습니다. 대학을 졸업하고 군 장교로 2년 동안 근무했습니다. 전역한 후에는 개발 분야에 관심이 생겨 관련 교육을 받고 바로 취업했습니다.

코딩을 하려면
수학을 잘해야 할까요?

저는 수학과 코딩이 비슷하다고 생각합니다. 수학에서는 어떤 명제가 있을 때 누구나 이해할 수 있도록 증명하는 것이 중요합니다. 너무나 쉬운 논리를 증명하는 것인데, 이런 부분은 컴퓨터 프로그래밍에서도 비슷하다고 생각합니다. 수학과에서는 주로 어떤 공간과 공간의 관계를 증명하는 것을 다룹니다. 어떤 학문, 전공이더라도 논리적으로 전개하는 지식을 쌓았다면 개발에 도움이 된다고 생각합니다.

IT 분야를 선택한
계기가 있나요?

우연히 뉴스에서 IT 관련 교육 기관을 소개하는 기사를
봤습니다. 컴퓨터공학을 전공하지 않아도 끈기만 있으면 도전
해 볼 수 있겠다는 확신을 했습니다.

IT 교육을 받으면서
힘들었던 점은 무엇인요?

처음에는 컴퓨터가 이해할 수 있도록 변환하는 작업이
와 닿지 않았습니다. 그러나 엉덩이를 붙이고 하다 보니 익숙
해졌습니다.

예비 개발자를 위해
한마디 부탁합니다.

IT 업계에 와서 보니 제 주변에는 컴퓨터공학보다 다른
전공 출신 개발자가 많았습니다. 앞에서 최작가 개발자가 말
했듯이, 다른 사람과 커뮤니케이션하는 것도, 자기 머릿속에
있는 것을 잘 설명하여 상대방이 쉽게 이해할 수 있도록 하는
것도 중요합니다. 그래서 컴퓨터공학을 전공하지 않았다고 주
눅 들 필요가 없습니다. 오히려 더 도움이 되거나 더 잘할 수
도 있습니다. 저도 해냈으니 여러분도 할 수 있을 겁니다.

03

ICT 분야로 진출하려면
이렇게 준비하세요!

02장에서는 EDT 진로탐색진단과 창의력/논리력(SCL) 테스트, 코딩 적용 능력(SPA) 테스트를 한 뒤 이를 바탕으로 자신의 RDTI 유형을 분석해 보았습니다. 이 장에서는 RDTI 유형에 따라 관련 교육 방법과 스펙 쌓는 방법을 비롯해 ICT 분야로 진출하는 데 꼭 필요한 이력서·자기소개서 작성하기, 포트폴리오 만들기, 면접 준비까지 시간 흐름순으로 구체적으로 소개하겠습니다.

03-1

어떤 교육을 받아야 할까요?

개발 직군 교육과 관련해서는 독자의 상황에 따라 구분해서 설명하려고 합니다. 만약 중·고등학생이라면 개발 직군 관련 전공 대학으로 진학을 고려해 볼 수 있고, 대학생이라면 관련 학과의 교육이나 교양 과목을 수강하면 됩니다. 그리고 직장인 등 일반인이라면 학원이나 인터넷 등 온·오프라인 강의를 수강할 수 있습니다.

세계 여러 나라의 코딩 교육

개발 직군에 필요한 교육을 본격적으로 알아보기 전에 코딩 교육과 관련하여 세계 여러 나라의 사회 분위기를 살펴보겠습니다.

미국 🇺🇸

미국은 주마다 교육과정이 다르지만 대체로 유치원부터 5학년까지는 L1, 6학년부터 8학년(중학교 2학년)까지는 L2, 9학년(중학교 3학년)부터 12학년(고등학교 3학년)까지는 L3로 구분하고, 소프트웨어 교육은 학년별 월 평균 32

시간 배정되어 있습니다. 초등학교 교육과정에서는 담임 선생님이, 중·고등학교 교육과정에서는 담당 과목의 선생님이 소프트웨어 교육을 담당합니다.

영국 🇬🇧

2014년을 '코드의 해(Year of Code)'로 지정하고 6~15살 어린이들이 코딩 교육을 받을 수 있도록 교육과정을 바꾸었습니다. 영국의 컴퓨터 교육은 알고리즘, 프로그래밍, 피지컬 컴퓨팅 등 소프트웨어를 주축으로 이루어집니다. 그리고 초등학교 6학년에는 코딩 정규 과정이 약 250시간 배정되어 있으며 모바일 앱을 직접 개발할 수 있습니다.

핀란드 🇫🇮

2016년부터 코딩 교육을 의무화했습니다. 초등학교 1~2학년 과정에서는 코딩의 기초 교육인 논리적 사고와 명령 전달하기 등을 배우고, 3~6학년 과정에서는 그래픽 프로그래밍 환경에서 본격적으로 컴퓨터에 기반한 코딩을 익힙니다. 그리고 7~9학년(중학교) 과정에서는 스스로 알고리즘을 짜서 서비스를 설계, 제조할 수 있도록 하여 텍스트 프로그래밍 언어를 최소 1개 이상 마스터합니다.

일본 🇯🇵

NHK 보도에 따르면 2025년부터 대학 입학 공통 시험에 '정보' 과목을 신설하고 프로그래밍, 통계 처리, 데이터 과학 지식 등에 관한 문제를 출제한다고 합니다. 이는 ICT 인력 부족에 직면한 일본이 관련 교육을 내실화해서 인재를 육성하기 위한 것으로 분석할 수 있습니다.

데이터 과학과 데이터 과학자

데이터 과학이란?

데이터 과학(data science)은 급증하는 데이터에서 인사이트를 얻기 위한 종합적인 접근 방식입니다. 데이터 마이닝(data mining)과 유사하게 정형, 비정형 형태를 포함한 다양한 데이터로부터 지식과 인사이트를 추출하는 과정에서 과학적 방법론, 프로세스, 알고리즘, 시스템을 동원하는 융합 분야입니다. 데이터 과학은 데이터를 통해 실제 현상을 이해하고 분석하며 통계학, 네이터 분석, 기계 학습과 연관된 방법론을 통합하는 개념으로 정의되기도 합니다. 데이터 과학은 생물학, 의학, 공학, 사회학, 인문과학 등 여러 분야에 응용되고 있습니다.

데이터 과학자란?

데이터 과학을 연구하는 사람을 데이터 과학자(data scientist)라고 하는데, 코딩 및 수학적 모델링과 관련한 지식을 갖추고 알고리즘을 활용한 분석이나 예측 모델 개발을 주로 하는 전문가들을 일컫는 경우가 많습니다. 이와 달리 데이터의 특정 추세를 분석하거나 시각화 작업을 중점적으로 다루는 사람은 데이터 분석가(data analyst)라고 합니다.

한국 🇰🇷

우리나라 대입 수능 시험에는 '코딩' 과목이 포함되어 있지 않았지만 서울 상위권 대학부터 수십여 개 대학의 수시 모집에 '소프트웨어 특기자' 전형이 개설되어 있습니다. 우리나라도 코딩의 중요성을 깨닫고 몇 년 전부터 관련 정책을 수립하여 교육과정에 반영한 것입니다.

> 최근 대학 수시 모집에서 '소프트웨어 특기자' 전형을 볼까요?

표 3-1 2024학년도 대학 수시 모집에 개설된 '소프트웨어 특기자' 전형

대학	전형	모집 인원(명)	모집 단위		전형 방법	참고
가천대	가천 AI·SW	20	소프트웨어 전공		• 1단계: 서류 100% (4배수) • 2단계: 1단계 50% + 면접 50%	
		30	인공지능 전공			
경기대	SW 우수자	10	AI컴퓨터 공학부	컴퓨터공학 전공	• 1단계: 서류 100% (3배수) • 2단계: 1단계 70% + 면접 30%	
		5		인공지능 전공		
국민대	소프트웨어 특기자	10	소프트웨어학부		• 1단계: 입상 성적 100%(3배수) • 2단계: 1단계 20% + 교과 30% + 면접 50% (*실질: 1단계 1.96% + 교과 36.77% + 면접 61.27%)	• 입상 실적 확인서 제출 • 출력물 형태의 포트폴리오 지참(면접 시)
		5	인공지능학부			
한양대	소프트웨어 인재	13	컴퓨터소프트웨어학부		• 서류 40% + 실적 60%	• 소프트웨어 관련 활동 소개서 • 증빙 서류 제출

또한 우리나라 교육부에서는 디지털 인재 양성을 목표로 2025년부터 초등학교와 중학교에서도 프로그래밍 언어로 하는 코딩 교육을 의무화한다고 밝혔습니다. 2023년부터는 디지털 등 첨단 분야에서 대학 입학 후 5년 6개월(11학기) 만에 박사 학위를 취득할 수 있는 학·석·박사 통합 과정도 도입하겠다고 발표했습니다. 이러한 정책, 계획은 인공지능(AI)과 사물 인터넷(IoT) 분야의 디지털 인재 100만 명 양성을 목표로 합니다.

그림 3-1 디지털 인재 양성의 규모와 주요 내용

디지털 인재 양성 규모
단위: 명. 2022~2026년 기준.
대학원졸 12만 9477
고졸, 전문대졸 15만 7281
총계 100만 1530
일반대졸 71만 4772
자료: 교육부

디지털 인재 양성 주요 내용		자료: 교육부
	내용	적용 시기
초·중학교 디지털 교육 강화	코딩 교육 의무화	2025년
	정보 수업 확대 • 초등학교 17시간→34시간 • 중학교 34시간→68시간	
디지털 영재 육성	초중고 SW 영재학급 확대	2022년 40개 →2025년 70개
대학 학사운영 개선	학·석·박사 통합과정 (5년 6개월·11학기) 신설	2023년
	졸업 전 집중 교육 프로그램 (부트캠프) 신설	
	첨단분야 정원 확대 요건 완화	이르면 2024년부터

코딩 공부 방법

코딩 초보라자면 낯선 개념을 익히고 여러 시행착오를 겪을 수 있어서 교사와 동료 수강생의 도움과 의사소통이 중요합니다. 그래서 코딩 공부를 처음 시작할 때는 독학보다 최소한 프로그래밍 언어 한두 개는 오프라인으로 수강하는 것을 추천합니다. 그다음 기술 부분도 오프라인 강의가 상대적으로 효과적이지만 시간과 여건이 안 된다면 온라인 강의 등을 이용하는 방법이 있습니다.

실제로 필자가 연구원 생활을 하다가 한국폴리텍대학으로 옮긴 초기인 2020년을 떠올려 보겠습니다. 2020년 초는 코로나19 팬데믹이 시작한 시기로 1일 확진자가 100명만 되어도 초·중·고등학교 등 거의 모든 공교육이 비대면 강의로 전환되던 상황이었습니다. 그 당시에 필자도 학생들에게 코딩 교육을 온라인으로 몇 주간 진행했습니다. 온라인에서는 아무래도 오프라인처럼 실시간 의사소통하기가 쉽지 않고 학생들끼리도 커뮤니케이션이 활발하지 않아 대면 교육으로 전환하던 초입에는 온라인으로 진행한 강의를 조금씩 복습했던 기억이 납니다.

이제 본격적으로 독자 여러분의 상황을 고려하여 중·고등학생/대학생/취업 준비생/일반인(직장인) 등 네 부분으로 나누어 RDTI 유형별 학습 방법을 추천하겠습니다.

중·고등학생은 어디서 코딩 공부를 하면 될까요? 어디서

일단 대입을 준비하는 중·고등학생이라면 전공을 꼭 컴공과로 선택해야 한다는 생각은 하지 않아도 됩니다. 01-1절에서 설명한 것과 같이 컴공과가 아니어도 다양한 ICT 융합 전공이 생겨나고 있습니다. 또한 컴공과가 아닌 다른 학과에 진학해도 코딩을 할 수 있고, 관련 분야로 진출할 수 있는 기회가 많습니다.

예를 들어 수학과로 진학했다가 복수 전공으로 컴공과를 선택할 수도 있고, 아예 컴공과로 전과할 수도 있습니다. 인원 또는 성적 제한은 있지만 많은 대학에서는 복수 전공, 부전공, 전과 등의 제도를 활발하게 운영하고 있습니다.

취업 정보 플랫폼 잡코리아와 알바몬에서 2021년 조사한 자료에 따르면, 조사 대상자인 4년제 대학 1,065명의 31.7%는 취업을 위해 복수 전공을 하는 것으로 나타났습니다.

그림 3-2 우리나라 대학생의 복수 전공 비율

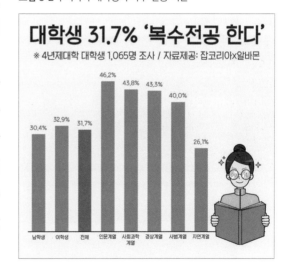

코딩 공부를 할 수 있는 곳으로 K-무크(K-MOOC), 유튜브 등의 무료 온라인 강의를 추천합니다. 먼저 K-무크부터 알아봅시다.

▶ 중·고등학생은 주변 환경 요소에 영향을 받고 가치관과 정체성이 아직 확립되지 않을 시기이므로 RDTI 결과는 활용하지 않겠습니다.

❶ K-무크 수강하기

K-무크는 국가평생교육진흥원에서 제공하는 한국형 온라인 공개 강좌 플랫폼입니다. 회원 가입만 하면 청소년, 대학생, 일반인 등 누구나 수강할 수 있습니다. 2024년 2월 14일 기준으로 총 3,692개의 강좌가 열리고 있으며 공학·컴퓨터·통신 분야도 프로그래밍 기초부터 인공지능 관련 강의까지 530여 개가 있습니다. 대학 교수들이 강의를 진행하고 있으며, 해당 강좌에서 활용하는 교재를 참고해서 수강하면 됩니다.

그림 3-3 한국형 대학 강좌 제공 플랫폼, K-무크

❷ 유튜브 수강하기

이 책을 발간한 이지스퍼블리싱에서도 프로그래밍 교재의 유튜브 무료 강의를 제공합니다. 해당 저자가 자신의 유튜브 채널에서 제공할 수도 있습니다.

그림 3-4 이지스퍼블리싱에서 출간한 프로그래밍 교재의 유튜브 강의

▶ 중·고등학교 재학생은 '실업자 내일배움카드' 등의 국비 지원 프로그램은 수강할 수 없지만, 이런 무료 교육 제도가 있다는 것은 알아 두세요. 나중에 도움이 될 것입니다.

이 밖에 ICT 분야의 대기업에서 고등학생을 위한 온·오프라인 프로그램도 운영하고 있습니다. 예를 들어 SK하이닉스에서는 온라인과 오프라인으로 '반도체 hy-스쿨'을 진행하는데, 오프라인에서는 학생들이 SK하이닉스 캠퍼스를 방문하는 프로그램과, SK하이닉스 구성원들이 학교를 방문해 반도체 수업을 제공하는 프로그램으로 구성돼 있습니다.

지금까지 코딩 공부를 어디서 해야 하는지 살펴보았으니, 이제는 어떻게 공부해야 할지를 알려 드릴게요.

중·고등학생의 코딩 학습 방법 ^{어떻게}

02장에서 설명했듯이 C, C++, 자바 등은 다른 프로그래밍 언어에 비해 상대적으로 어려워 독학하기 쉽지 않습니다. 그래서 온라인에서도 쉽게 배울 수 있는 파이썬을 공부하길 추천합니다. 파이썬만 잘 공부해도 논리력과 창의력을 기를 수 있습니다.

그림 3-5 《Do it! 점프 투 파이썬》

▶ 중·고등학생은 바로 취업 전선에 뛰어들지 않아도 되므로 RDTI 유형별 학습 로드맵은 참고만 하세요.

또한 파이썬은 다양한 분야에서 활용되므로 모르는 것이 있을 때 인터넷에서 검색하면 비슷한 예제와 질의응답을 쉽게 찾을 수 있습니다. 파이썬으로 프로그래밍을 시작한다면 다음 순서로 공부하길 추천합니다.

그림 3-6 관련 분야에 따라 파이썬을 공부하는 순서

| 프로그래밍 기초 문법 | ➡ | 데이터 분석과 시각화 | ➡ | 인공지능 |

그 이유는 다음 3가지입니다. 첫째, 프로그래밍 언어의 기본은 문법입니다. 그래서 파이썬도 문법 공부부터 시작해야 합니다. K-무크나 유튜브 등에서 관련 강의를 듣거나 잘 정리된 교재를 구매해 공부해도 좋습니다.

둘째, 파이썬은 프로그래밍 언어이지만, 데이터 분석에도 활용됩니다. 인터넷에 공개되어 있는 공공 데이터나 웹에서 직접 수집한 데이터 등을 이용해 다양한 데이터 통계 분석과 시각화까지도 할 수 있습니다.

셋째, 파이썬은 인공지능 분야에서 가장 많이 사용하는 언어입니다. 인공지능 분야는 제4차 산업혁명의 핵심이라 할만큼 주요한 분야가 되었습니다. 파이썬만 잘 공부해도 인공지능 분야 개발자로 진출할 수 있습니다.

지금까지 중·고등학생을 중심으로 설명한 개발 직군과 관련한 공부 방법을 정리하겠습니다. 자세히 살펴보고 싶다면 다시 앞으로 가서 읽고 오세요!

중·고등학생

어디서, 어떻게 공부할까요?

- 개발자 관련 일을 하고 싶다고 해서 대학 전공을 꼭 '컴퓨터공학'으로 선택할 필요는 없습니다.
- K-무크에서 강의를 수강할 수 있습니다.
- 유튜브 등 IT 관련 무료 강의가 많습니다. 잘 활용해 보세요!

무엇을 공부할까요?

- 파이썬 공부를 우선으로!
- 프로그래밍 기초 문법 → 데이터 분석 및 시각화 → 인공지능 순서로 파이썬을 공부하세요!

대학생은 어디서 코딩 공부를 하면 될까요?

대학생이라면 앞에서 중·고등학생을 위해 소개한 K-무크나 유튜브 등의 무료 온라인 강의 외에도 대학에서 교양 또는 학과 강의, 외부 교육 기관 강의 등 프로그래밍을 경험해 볼 수 있는 다양한 경로가 있습니다.

그러나 프로그래밍 입문자라면 온라인 강의보다 오프라인 강의를 추천합니다. 실제 현장에서 프로그래밍을 어떻게 하는지 직접 보며 따라 하는 것이 중요하기 때문입니다. 놓치기 쉬운 디테일도 발견할 수 있고요. 우선 온라인, 오프라인 강의의 장단점과 특징을 살펴보고 코딩 학습 방법까지 알아보겠습니다.

❶ 무료 온라인 강의 수강하기

K-무크, 유튜브 등의 무료 온라인 강의 수강 추천 대상은 프로그래밍 언어로 나눌 수 있습니다. 즉, C 언어나 자바 중에서 최소 1개 이상 접한 경우와 그렇지 않은 경우입니다. 전자라면 K-무크나 유튜브 등의 무료 온라인 강의와 관련 교재로 학습한 뒤, 추가로 다른 프로그래밍 언어와 관련 이론, 개념 등을 학습하면 도움이 될 것입니다. 그러나 후자라면 일단 프로그래밍 언어를 최소 1개 이상 오프라인 강의를 수강해 숙달하는 것이 좋습니다.

▶ K-무크, 유튜브 강의 활용법은 '중·고등학생의 코딩 학습 방법'을 참고하세요.

❷ 대학의 교양 또는 학과 전공 과목 수강하기

대학생이 오프라인 강의를 듣는 방법은 사실 간단합니다. 대학에서 관련 과목을 수강하면 됩니다. 특수 목적 대학을 제외하고 국내 2, 4년제 대학은 거의 대부분 컴퓨터공학, 소프트웨어학, 정보통신공학, 전자전기공학 등의 ICT 관련 학과가 개설되어 있습니다. 해당 학과의 1~2학년 과목을 수강하면서 코딩을 접해 보길 추천합니다. 대학의 교양학부에 개설된 프로그래밍 언어 과목은 전체 학생을 대상으로 하므로 상대적으로 쉬운 편이고, 컴퓨터/소프트웨어 전공에 개설된 프로그래밍 언어 과목은 상대적으로 내용의 깊이도 있고 다양합니다.

ICT를 전공한다면 전자전기공학, 컴퓨터/소프트웨어학, 정보통신공학 등은 자신의 미래 직업이 될 기초 과목이므로 해당 전공에서 개설되는 과목에 집중하기를 추천합니다. 그리고 인문, 사회, 예체능이나 그 외 자연계열을 전공한 ICT 비전공자라면 교양학부에 개설된 프로그래밍 과목 또는 ICT 전공 학과의 1학년 기초 과목을 수강하여 프로그래밍의 흥미를 얻기를 추천합니다. 대학의 교양학부에는 프로그래밍 언어인 파이썬과 웹 프로그래밍 등의 기초 과목이 개설되어 있습니다. 프로그래밍에 흥미를 갖고 더 깊이 공부하고 싶다면 ICT 전공에서 심화 과목을 수강할 수 있습니다.

그러면 어떤 강의를를 수강해야 할지 궁금할 것입니다. 국내 대학별 ICT 관련 학과에서 개설된 컴퓨터공학, 또는 관련 학과 1학년에 개설된 프로그밍 과목을 살펴보겠습니다.

표 3-2 국내 대학별 ICT 관련 학과에 개설된 과목명과 프로그래밍 언어

대학	전공	과목(2023년 기준)	프로그래밍 언어
국민대학교	인공지능학부	프로그래밍 기초	파이썬
		객체지향 프로그래밍	자바
서울대학교	컴퓨터공학부	컴퓨터의 개념 및 실습	파이썬
		프로그래밍 연습	C
숭실대학교	컴퓨터학부	프로그래밍1 및 실습	유닉스, C
		프로그래밍2 및 실습	유닉스, C
한양대학교	컴퓨터소프트웨어학부	소프트웨어 입문 설계	C, 파이썬
		창의적 소프트웨어 프로그래밍	C++

경쟁력 있는 컴퓨터공학 전공 대학의 1학년 교육과정에서 운영체제인 유닉스(UNIX)를 제외하고 프로그래밍 언어만 보면 C 언어, 파이썬, C++, 자바 순으로 많이 다룬다는 것을 알 수 있습니다. 그러므로 C 언어나 자바 가운데 하나만 먼저 수강한 후, 다른 프로그래밍 언어나 관련 기술 순서로 공부하기를 추천합니다.

물론, 여기서 소개한 대학의 자료가 전국 대학의 교과목을 대변하는 것은 아닙니다. 그러나 필자도 '정보통신공학'을 전공했고 SW 연구원으로 사회 경험을 10여 년 한 후, 교육자로서 근무해 오면서 먼저 경험하고 느낀 점을 토대로 소개한다는 것을 알려 드립니다.

제가 먼저 경험한 것을 바탕으로 소개합니다.

❸ 국민내일배움카드로 코딩 교육 수강하기

2021년 9월 「국민 평생 직업능력 개발법 시행령」이 개정되어 대학 재학생(휴학생)도 발급받을 수 있는 '국민내일배움카드'가 있습니다. 국민내일배움카드는 고용노동부 직업훈련포털(HRD-Net) 홈페이지에 접속해서 로그인하여 신청할 수 있습니다.

- **고용노동부 직업훈련포털:** https://www.hrd.go.kr

그림 3-7 국민내일배움카드 발급하기

각 지역의 '고용복지플러스센터'에 방문해서 신청할 수도 있습니다.

국민내일배움카드를 활용하면 최대 5년간 300~500만 원에 해당하는 교육비와 훈련 수당을 받을 수 있습니다. 이 카드를 사용할 수 있는 대학 재학생의 자격은 졸업까지 남은 수업 연한이 2년 이내인 경우입니다.

다음 표와 같이 4년제 대학은 2학년 2학기 이후부터, 3년제는 1학년 2학기 이후부터, 2년제는 입학하자마자 가능하며, 원격 대학은 학제에 상관없이 바로 사용할 수 있습니다. 즉, 졸업까지 재학 기간이 2년 이하로 남았다는 것이 입증된다면 대학생, 대학원생 모두 지원받을 수 있습니다.

표 3-3 국민내일배움카드를 사용할 수 있는 대학 재학생 자격

대학 학제	자격	참고
6년제 대학	4학년 2학기 종료 시점부터	
5년제 대학	3학년 2학기 종료 시점부터	
4년제 대학	2학년 2학기 종료 시점부터	
3년제 대학	1학년 2학기 종료 시점부터	
2년제 대학 / 졸업까지 2년 미만 대학원생	입학하자마자	
원격 대학 / 야간 대학	입학하자마자	방송통신대학, 사이버 대학 등

직업훈련포털(HRD-Net) 홈페이지에 접속하거나 스마트폰의 카메라 기능으로 오른쪽 QR코드를 찍어 '내일배움카드 훈련과정'을 살펴봅시다.

[지역]을 선택하고 [NCS 직종]을 클릭해서 대분류를 [정보통신(20)]으로 선택하면 관련된 교육이 중분류, 소분류, 세분류로 보여 줍니다. 각각 선택하고 [적용]을 클릭하면 아래쪽에 지역별로 제공하는 과정을 [집체 과정], [스마트 과정], [온라인 과정], [혼합 과정] 탭에서 확인할 수 있습니다.

▶ 검색 키워드로 '웹 개발' 등을 입력해도 됩니다.

그림 3-8 국민내일배움카드의 훈련 과정

대학생의 코딩 학습 방법

02-3절에서 소개한 RDTI 유형에 따른 프로그래밍 언어의 학습 순서를 크게 노멀(Normal) 코스와 이지(Easy) 코스로 나누어 자세히 설명하겠습니다. 노 멀 코스는 상대적으로 복잡하고 어려운 프로그래밍 언어부터 시작해서 쉬운 언어 순서로 공부하고, 이지 코스는 상대적으로 쉬운 프로그래밍 언어에서 어 려운 언어 순서로 공부합니다. 그리고 C 언어와 자바 언어 가운데 어느 것을 먼저 학습하느냐에 따라 또 2가지로 나눌 수 있 으므로 프로그래밍 언어의 학습 순서는 총 4가 지가 됩니다.

▶ C 언어와 자바에 순서를 두는 이 유는 문법은 비슷하지만 전체 구조 가 다르기 때문입니다.

C 언어와 자바의 차이점

C 언어는 PP(procedural programming) 언어로 절차적 프로그래밍의 형태이며, 자바는 OOP(object oriented programming) 언어로 객체지향 프로그래밍의 형태입니다. 이 두 언어를 머리와 몸통은 하나, 팔과 다리는 각각 2개씩 구성된 인간형 로봇을 만드는 것에 비유하여 설명해 보겠습니다.

PP 언어인 **C 언어**는 머리부터 다리까지 위에서 아래 방향으로 순서대로 구현합니다. 그래서 줄이 1,000개인 프로그램이 있다면 1~1,000줄까지 순서대로 구현합니다.

그러나 OOP 언어인 **자바**는 순서가 중요하지 않습니다. 로봇의 부품인 머리, 몸통, 팔, 다리를 각각 하나씩 만들어 놓고, 1개만 필요한 것은 1개만, 2개 이상 필요한 것은 여러 개를 복사해서 사용하는 방식입니다.

C++, C#, 자바, 파이썬 등 C 언어를 제외한 대부분의 프로그래밍 언어는 OOP라고 생각하면 됩니다. OOP는 순서에 상관이 없으므로 기능별로 팀을 나눠 구현한 뒤, 하나로 합쳐서 완성할 수 있어서 대형 프로젝트에 많이 활용합니다.

여기서 각 코스별로 추천하는 RDTI 유형을 알아봅시다. A와 B 코스는 프로그래밍 개발 능력이 상대적으로 우수하다고 판단되어 C 언어나 자바부터 학습하는 것을 추천합니다. 그래서 PA형이나 CP_1형에게 추천합니다. 그리고 C와 D 코스는 창의력과 논리력이 상대적으로 우수하다고 판단되어 데이터 분석, 인공지능 등 다양한 라이브러리 활용까지 포함한 파이썬부터 학습하는 것을 추천합니다.

어떤 순서로 하든 프로그래밍 언어 가운데 C, 자바, 파이썬은 모두 학습하길 추천합니다. C와 자바는 프로그래밍 언어의 가장 기본이며 전자전기공학, 컴퓨터공학 등 ICT 전공자에게는 필수입니다.

표 3-4 RDTI 유형별 대학생에게 추천하는 프로그래밍 언어의 학습 순서

구분		1순위	2순위	3순위	추천 RDTI 유형
노멀 (Normal)	A	C	자바	파이썬	PA형, CP_1형
	B	자바	C	파이썬	PA형, CP_1형
이지 (Easy)	C	파이썬	C	자바	CL형, CP_2형
	D	파이썬	자바	C	CL형, CP_2형

지금까지 대학생을 중심으로 설명한 개발 직군과 관련한 공부 방법을 정리하겠습니다. 자세히 살펴보고 싶다면 다시 앞으로 가서 읽고 오세요!

대학생

어디서, 어떻게 공부할까요?

- 온라인 강의, 대학 강의, 국민내일배움카드를 이용한 강의 등 3가지로 나눌 수 있습니다.
- K-무크, 유튜브 등의 온라인 강의와 해당 강의의 교재를 구입해서 수강할 수 있습니다.
- 대학의 교양학부에서는 기초 프로그래밍 언어를, ICT 관련 전공에서는 심화 프로그래밍 언어를 학습할 수 있습니다.
- 재학 기간이 2년 이하로 남았을 때에는 국민내일배움카드를 발급받고, 고용노동부 직업훈련포털 HRD-Net 홈페이지에서 관련 교육을 수강하고 훈련비를 받을 수 있습니다.

무엇을 공부할까요?

- 프로그래밍 언어를 처음 배운다면 하나만이라도 오프라인 강의를 꼭 수강하는 것을 추천합니다.
- RDTI 유형에 따른 프로그래밍 언어의 학습 순서 추천은 표 3-4를 참고하세요.
- 어떤 순서로 하든 C 언어, 자바, 파이썬은 반드시 학습하세요!

취업 준비생은 어디서 코딩 공부를 하면 될까요?

대학을 졸업했거나 졸업 예정자로 취업 준비생이라면 오프라인으로 진행하는 외부 교육을 생각해 볼 수 있습니다. 앞에서도 설명한 국민내일배움카드로 수강할 수 있는 과정이 있고, 고용보험에 가입되어 있지 않은 미취업 청년을 대상으로 하는 다양한 직업 훈련 교육이 있습니다. 국민내일배움카드로 수강하는 방법은 앞에서 설명한 '대학생의 코딩 학습 방법'을 참고하기 바랍니다. 여기에서는 국민내일배움카드 외에 구직자를 위한 오프라인 직업 훈련 교육 과정 2가지 방법을 소개하겠습니다.

❶ 대한상공회의소 인력개발사업단의 직업 훈련 교육

대한상공회의소 인력개발사업단에서는 미취업 청년을 대상으로 직업 훈련 교육을 실시하고 있습니다. 대한상공회의소 인력개발사업단 홈페이지에 접속해 화면 위쪽 [구직자 교육] 메뉴에서

[교육과정·원서접수]를 클릭하거나 스마트폰의 카메라 기능으로 오른쪽 QR코드를 찍어 분야별, 지역별 교육 기관을 선택하면 됩니다.

- 대한상공회의소 인력개발사업단: https://www.korchamhrd.net

그림 3-9 대한상공회의소 인력개발사업단 홈페이지

❷ 검색 엔진에서 ICT 교육과정 검색하기

네이버, 구글 등의 검색 엔진에서 '직업훈련', 'SW', '인공지능', '빅데이터' 등의 ICT 관련 용어를 조합하여 검색할 수 있습니다. 예를 들어 '직업훈련 인공지능'이라는 키워드로 검색하면 이와 관련해서 전국에서 실시하는 다양한 교육과정을 볼 수 있습니다.

이 방법으로 검색되는 교육과정은 만 15세 이상, 2년제 이상, 중·장년층을 위한 교육 등의 자격 요건으로 분류됩니다. 그런데 공통점은 자격 요건이 풀타임 오프라인 또는 온라인 병행 수업에 출석할 수 있어야 하는 미취업자라는 것입니다. 또한 교육과정에 따라 총 교육 시간이 수백 시간에서 천 시간 이상으로 수 개월부터 1년까지일 수도 있으며, 구직 자를 위한 교육이므로 대부분 교육 기관에서 교 육생의 취업까지 연계하고 있습니다.

▶ 교육과정 기간은 보통 6개월 내외이므로 한두 번 수강하면 1년 내외가 될 것입니다.

수많은 교육과정 가운데 선택할 때에는 다음 3가지를 고려해야 합니다.

첫째, 교육 기관의 취업률을 확인해 보세요. 취업 준비생에게는 취업률이 가장 중요하기 때문입니다. 취업률은 해당 교육의 양과 질을 가늠할 수 있는 척도가 될 수 있습니다. 그래서 취업률이 만족스럽다면 그다음 절차를 밟으면 됩니다.

둘째, 교육과정과 취업처를 세심하게 살펴보세요. 일반적으로 교육과정이 웹 분야이면 취업처도 웹 관련 기업이어야 맞아떨어지는 것입니다. 그러나 교육과정은 빅데이터, 인공지능인데 취업은 전혀 다른 분야로 소개받는다면 실망할 수도 있습니다.

셋째, **전임 교수진의 프로필**을 살펴보세요. 전임 교수진은 해당 교육의 담임 선생님과 같은 역할을 합니다. 이는 학생의 입장을 고려하여 진로, 취업, 학습 상황 등과 관련해 고민, 면담을 할 수 있는 여건이 될 수 있을 것입니다.

취업 준비생의 코딩 학습 방법 <small>어떻게</small>

취업 준비생도 대학생과 마찬가지로 노멀, 이지 코스를 추천합니다. 즉, 이 코스에 맞는 교육을 수강하면 되는 거죠. 앞서 소개한 직업 훈련 교육이나 IT 교육 과정에서는 웹 개발 교육이 상대적으로 많습니다. 실제로 웹 개발자의 수요가 많기도 하고, 융합 전공자로서 빠르게 취업할 수 있는 방향이기도 합니다.

RDTI 결과 자신의 개발 성향이 PA형 또는 CP_1형이라면 웹 개발자 교육을 수강한 후 자신의 적성에 맞다고 생각하면 취업하고, 조금 더 배우고 싶다면 앱이나 사물 인터넷(IoT) 등 다른 교육과정도 한 차례 더 수강해서 진로 분야를 찾는 방법도 있습니다.

그리고 CL 또는 CP_2형이라면 기본인 웹 개발자 교육을 수강한 후 빅데이터, 인공지능 등과 관련된 교육을 수강하는 방법을 추천합니다. 웹 개발자 교육과정을 수강하는 공통 이유는 개발에서 기초인 자바 등의 기본 기술을 배울 수 있기 때문입니다.

앞에서 설명한 대학생의 코딩 학습 방법도 참고하세요.

표 3-5 RDTI 유형별 취업 준비생에게 추천하는 교육과정의 학습 순서

RDTI 유형	1순위	2순위	추천 언어
PA형, CP$_1$형	웹 개발자 교육	앱/사물 인터넷 교육	C, 자바
CL형, CP$_2$형	웹 개발자 교육	빅데이터/인공지능 교육	파이썬

지금까지 취업 준비생을 중심으로 설명한 개발 직군과 관련한 공부 방법을 정리하겠습니다. 자세히 살펴보고 싶다면 다시 앞으로 가서 읽고 오세요!

취업 준비생

어디서, 어떻게 공부할까요?

- 국민내일배움카드를 활용한 교육은 앞의 '대학생 편'에서 관련 내용을 자세히 설명했으니 참고하세요.
- 직업 훈련 교육은 미취업자를 대상으로 하며 '대한상공회의소 인력사업개발단' 홈페이에서 검색하거나 네이버, 구글 등에서 관련 직업 교육을 검색하는 방법이 있습니다.

무엇을 공부할까요?

- PA형이든, CL형이든 기본은 웹 개발 교육으로 시작하는 것이 좋습니다.
- PA형 또는 CP$_1$형이라면 웹 개발자 교육과정을 수강한 후 앱이나 사물 인터넷 교육과정을 수강하는 방법을 추천합니다.
- CL형 또는 CP$_2$형이라면 웹 개발자 교육과정을 수강한 후 빅데이터나 인공지능 교육과정을 수강하는 방법을 추천합니다.
- 교육과정을 두 번 수강할 필요는 없습니다. 웹 개발 교육과정을 수강한 후 사회에서 다양한 경험을 하고 경력을 쌓으면 직무를 변경할 기회도 있습니다.

일반인(직장인)은 어디서 코딩 공부를 하면 될까요?

일반인(직장인)은 직장생활을 해서 풀타임 오프라인으로 교육을 받기 어려울 것입니다. 그러나 직장인을 위해 야간이나 주말에 교육을 하는 기관이 있습니다. 지원 한도는 5년간 500만 원이며, 앞에서와 같이 '국민내일배움카드'를 신청하면 됩니다.

다만, 재직자이기에 훈련 수당은 지원되지 않으며, 훈련비의 45~85%를 국비로 지원해 줍니다. 그러나 연매출이 고액인 자영업자, 고액 임금의 직장인이나 공무원 등은 지원 대상에서 제외됩니다. 지원 자격 여부는 '대학생 편'에서 소개한 고용노동부 직업훈련포털(HRD-Net) 홈페이지의 [국민내일배움카드 발급신청]에서 알아보면 됩니다.

또한 온라인 강의를 활용하는 것도 방법입니다. 온라인 교육 플랫폼이 많기 때문에 인터넷에 '코딩 교육'이라고 검색해서 알아보는 것도 추천합니다. 직장인을 위한 코딩 온라인 강의 플랫폼으로는 패스트캠퍼스, 인프런, 엘카데미 등이 있습니다. ▶ 패스트캠퍼스는 흔히 줄여서 '패캠'이라고 합니다.

그림 3-10 코딩 교육 전문 회사인 앨리스의 교육 플랫폼, 엘카데미

일반인(직장인)의 코딩 학습 방법 _{어떻게}

직장인이면서 코딩을 배우고 싶다면 먼저 목적이 무엇인지 잘 생각해 보기 바랍니다. 지금 다니는 회사에서 단순 반복하는 업무가 많아 프로그램을 개발해서 업무 효율을 높이고 싶은 사람도 있고, 아예 직무 분야를 옮기는 전직하고 싶은 사람으로 나누어 볼 수 있습니다. 전자인 경우라면 데이터 분석, 인공지능 관련 파이썬 교육을 수강하길 추천합니다. 현업에서 부가 업무로 진행하는 것이라면 쉽게 배울 수 있으면서 실제로 다양한 라이브러리를 이용해 분석, 예측, 시각화 등을 할 수 있기 때문입니다.

후자인 경우에는 앞에서 '대학생 편'과 '취업 준비생 편'에서 설명한 것과 같이 웹 교육과정을 우선 수강하길 추천합니다. 그리고 RDTI 결과 자신의 개발 성향이 PA형이라면 웹 개발자 교육을 수강한 후 자신의 적성에 맞다고 생각하면 취업을 하고, 조금 더 배우고 싶다면 앱, 사물 인터넷 등에서 다른 교육도 한 차례 더 수강해서 진로 분야를 찾는 것도 방법일 수 있습니다. 그리고 CL형이라면 기본인 웹 개발자 교육과정을 수강한 후 빅데이터, 인공지능 등의 교육을 수강할 수 있습니다.

표 3-6 RDTI 유형별 일반인(직장인)에게 추천하는 교육과정의 학습 순서

코딩 학습 목적	RDTI 유형	1순위	2순위	추천 언어
업무 효율 향상		파이썬	데이터 분석/인공지능	파이썬
전직	PA형, CP$_1$형	웹 개발자 교육	앱/사물 인터넷 교육	C, 자바
	CL형, CP$_2$형	웹 개발자 교육	빅데이터/인공지능 교육	파이썬

지금까지 일반인을 대상으로 설명한 개발 직군과 관련한 공부 방법을 정리하겠습니다. 자세히 살펴보고 싶다면 다시 앞으로 가서 읽고 오세요!

일반인(직장인)

어디서, 어떻게 공부할까요?

- 재직자 국민내일배움카드를 직업훈련포털(HRD-Net)에서 신청합니다.
- 온라인 강의를 활용해 공부합니다.

무엇을 공부할까요?

- 업무의 효율성 향상을 목적으로 코딩을 배우고 싶다면 데이터 분석, 예측 시각화 등을 할 수 있는 파이썬 교육과정을 추천합니다.
- 개발자로 전직을 목적으로 한다면 웹 개발자 교육과정을 우선적으로 이수합니다. PA형이라면 앱, 사물 인터넷 등의 개발자 교육과정을 더 수강하고, CL형이라면 빅데이터, 인공지능 등의 교육과정을 추가로 수강하면 됩니다.

03-2

어떤 스펙을 쌓아야 할까요?

01-4절에서 ICT 분야를 크게 기획, 개발, 품질로 나눴습니다. 세 분야 가운데 개발 직무는 채용 규모와 기회가 가장 많고, 융합 전공자도 신입으로 입사하기에 매우 수월합니다. 01장에서 설명한 것처럼 개발자 시장은 수요가 공급보다 많은 상황이기도 합니다. 그리고 신입 사원 개발자의 수요는 많으나 기획자는 상대적으로 적으며, 관련 교육도 개발자 중심으로 이루어지기도 합니다.

그리고 개발자로 입사했다가 기획자나 품질 관리자가 될 수도 있습니다. 실제로 개발 직군에서 비개발 직군으로 전향하는 경우도 종종 볼 수 있는데 비개발에서 개발 직군으로 직무 전향은 드문 편입니다. 이번 절에서는 SW 개발자 신입 사원으로 취업하는 데 필요한 스펙을 구체적으로 알아보겠습니다.

ICT 전공자, 유사 전공자, 비전공자마다 쌓아야 할 스펙이 다릅니다!

앞에서 SW 개발 직무는 크게 웹 개발자, 앱 개발자, 데이터 과학자, 시스템 엔지니어, DBA로 분류했습니다. 이는 개발 직무에 따라 사용하는 프로그래밍 언어와 툴만 다를 뿐 코딩하는 능력, 문제 해결 능력 등은 공통으로 중요하게 고려합니다.

먼저 컴퓨터공학·소프트웨어학 등의 ICT 전공자, 전자전기공학·정보통신공학 등의 ICT 유사 전공자, 그 외 ICT 비전공자(예비 융합 개발자)로 구분해서 취업 준비 방법을 알아보겠습니다.

❶ ICT 전공자

컴퓨터공학, 소프트웨어학 등 각종 프로그래밍 및 기술 관련 과목을 수강한 학점이 자신의 실력을 대변할 수 있습니다. 학점이 준수한지의 기준은 학교별, 학과별로 다르므로 학과 졸업 선배들의 취업 현황에 따라 주관적으로 나누어야 할 것입니다.

학점이 준수하다면 정보처리기사 취득을 고려해 보고, 그렇지 않다면 강의를 수강하면서 진행한 프로젝트, 졸업 프로젝트 등의 포트폴리오를 준비하는 것이 좋습니다. 포트폴리오는 학점이 준수하더라도 자신의 실력을 대변할 수 있는 공통 준비 사항이지만, 정보처리기사는 선택 사항이 될 수 있습니다. 정보처리기사 자격증은 필요에 따라 입사한 뒤에 취득해도 됩니다.

❷ ICT 유사 전공자

전자전기공학, 정보통신공학 등을 전공했다면 SW, HW 관련 과목 모두 다양하게 수강했을 것입니다. 학점만으로 코딩 실력과 범위를 가늠하기는 어려우므로 포트폴리오를 준비하는 것이 좋습니다. 만약 프로그래밍 과목을 수강할 때 진행한 프로젝트가 있지만 부족하다면 스터디를 하여 포트폴리오를 준비하는 것이 좋습니다. 스터디는 그룹으로 하거나 관련 교육을 수강해서 진행할 수도 있습니다. 정보처리기사 준비는 ICT 전공자와 마찬가지로 선택 사항이며, 정보처리기사 자격증은 필요에 따라 입사한 후에 취득해도 됩니다.

❸ ICT 비전공자(예비 융합 개발자)

ICT 비전공자, 즉 예비 융합 개발자라면 대학에서 복수 전공, 부전공으로 ICT 관련 기술을 습득하거나 관련 국비 교육과정을 수강하여 기술을 습득하고 포트폴리오를 준비하길 추천합니다. 앞에서도 설명했듯이 자바를 기본으로 한 웹 프로그래밍 교육 등을 수강하여 관련 프로그래밍 기술을 쌓고 포트폴리오도 준비하면 좋습니다.

그리고 ICT 비전공자도 정보처리기사 자격증을 취득하면 도움이 될 수 있으나 역시 선택 사항입니다. 정보처리기사 자격증을 취득함으로써 ICT 비전공자이지만 기본 기술은 준비했다는 것을 입증할 수 있습니다.

ICT 분야 진출을 위한 취업 준비 과정을 한눈에 알아볼 수 있도록 순서도로 준비했습니다. 지금 자신의 상황을 대입해 보세요.

그림 3-11 ICT 분야 취업 준비 순서도

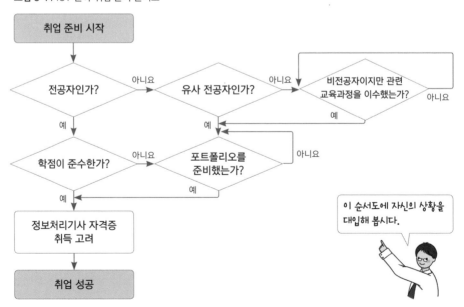

120

정보처리기사는 전공에 상관없이 SI 분야에서 해당 개발자의 능력을 산정하는 공통 기준이 됩니다. 정보처리기사 자격증을 취득한 햇수에 따라 해당 프로젝트에서 임금이 산정될 수 있기 때문입니다. 최근에는 이 기준이 없어지거나 완화되기도 했지만, 발주사와 계약할 때 정보처리기사 자격증은 기본 조건에 포함되기도 합니다.

정보처리기사 등 국가기술자격시험은 한국산업인력공단(HRDK)의 Q-Net에서 시행합니다. Q-Net 홈페이지에 접속해 화면 중앙 왼쪽에서 [자격정보 → 국가자격종목별상세정보 → 정보통신 → 정보기술]을 클릭하면 정보처리기사의 시험 일정 등 다양한 정보를 볼 수 있습니다.

- **한국산업인력공단의 Q-Net**: https://www.q-net.or.kr

그림 3-12 한국산업인력공단의 Q-Net 홈페이지

지금까지 설명한 ICT 분야의 취업 준비 서류는 자신의 실력을 입증할 포트폴리오와 정보처리기사 자격증입니다. 그러나 전공에 상관없이 정보처리기사 자격증을 취득했다고 해서 코딩 실력 100%를 입증하지는 못합니다. 예를 들어 컴퓨터활용능력이나 워드프로세서 자격증이 실제 문서 작업 능력을 대변해 주지 못하는 것과 같은 원리입니다. 그래서 포트폴리오를 우선으로 준비하면서 기술을 쌓는 것이 중요하고, 정보처리기사 자격증은 입사하기 전에 취득하면 좋지만 입사한 후에 취득해도 됩니다. 물론, 포트폴리오를 갖춘 상태에서 정보처리기사를 입사하기 전에 취득하면 취업에 더 유리한 점은 있습니다.

개발자 1분 상식

국가기술자격제도

한국산업인력공단(HRDK)은 고용노동부 산하 준정부 기관으로,「국가기술자격법」에 근거하여 근로자 평생 학습 지원과 직업 능력 개발 훈련, 자격 검정, 기능 장려 사업 및 고용 촉진 등에 관한 사업을 합니다. 또한 국가기술자격 시험 문제의 출제, 관리 및 집행과 자격증 교부뿐만 아니라 자격 취득자의 사후 관리까지 수행합니다.

그림 3-13 한국산업인력공단의 Q-Net에서 시행하는 국가기술자격시험

내가 취업하고 싶은 기업의 코딩 테스트 준비하기

많은 기업에서는 신입 사원, 경력 사원의 입사 전형에 코딩 테스트를 포함하고 있습니다. 코딩 테스트는 기업의 업무 형태별, 규모별 성향이 각기 다릅니다. 코딩 테스트는 실제로 개발 직무에 한정해서만 진행되고 있으니, 기획이나 품질 쪽을 지원한다면 크게 고려하지 않아도 됩니다.

▶ 코딩 테스트는 흔히 줄여서 '코테'라고 합니다.

예를 들어 빅테크 기업 네카라쿠배당토(네이버, 카카오, 라인플러스, 쿠팡, 배달의민족, 당근마켓, 토스)는 규모도 크고 연봉, 복리 후생 등의 조건이 좋은 만큼 전공자도 입사하고 싶어 하는 기업입니다.

SW 개발자는 기술직이므로 학벌이나 학력보다 프로그램을 개발할 수 있는 능력이 무엇보다 중요합니다. 네이버, 카카오, G마켓, 옥션 등 빅테크 기업뿐만 아니라 많은 중견, 중소 기업도 신입 사원 모집 전형에서 코딩 테스트를 도입하고 있습니다.

이렇게 코딩 테스트의 비중을 강화하고 서류는 조건만 맞으면 블라인드로 처리하는 경우도 있습니다. 실제로 2023년 카카오 신입 개발자 공채에서 블라인드 채용 홍보 자료를 예로 들 수 있습니다. 롯데정보통신, 이베이코리아 등에서도 2022년 신입 개발자 공채 모집에서 블라인드 채용을 진행했습니다.

그림 3-14 2023년 카카오 신입 개발자 공채 관련 블라인드 채용 관련 홍보 자료

빅테크 기업의 코딩 테스트 문제는 지원 경쟁률만큼 난도도 높은 편입니다. 기초 프로그래밍을 배운 전공자들이 풀 수 있는 수준을 넘어 알고리즘 등 업무 및 시스템 효율을 위한 프로그래밍 기술이 포함되어 있습니다. 따라서 코딩 테스트를 준비할 때는 취업 목표 기업에 따라 학습 범위를 고민해야 합니다. 빅테크 기업 외 기업이라면 C 언어나 자바의 기본 문법과 예제 등을 반복 학습하면서 기본기를 다지는 것을 추천합니다.

❶ 기업체에서 제공하는 코딩 테스트 기출문제

먼저 기업체의 블로그, 홈페이지 등에서 제공하는 코딩 테스트 기출문제를 알아보겠습니다. 그 가운데 카카오와 라인은 공식 블로그에서 시점별 코딩 테스트 기출문제를 제공합니다

먼저 카카오입니다. PC에서 카카오테크(kakao Tech) 블로그 URL에 접속하거나 스마트폰의 카메라 기능으로 오른쪽 QR코드를 찍어 해당 URL에 접속하여 코딩 테스트 기출문제를 확인해 보세요.

> • **카카오테크 블로그**: https://tech.kakao.com/careers

그림 3-15 카카오에서 제공하는 코딩 테스트 기출문제 해설

그리고 라인입니다. PC에서 라인 엔지니어링(LINE Engineering) 블로그 URL에 접속하거나 스마트폰의 카메라 기능으로 오른쪽 QR코드를 찍어 해당 URL에 접속하여 코딩 테스트 기출문제를 확인해 보세요.

- 라인 엔지니어링 블로그: https://engineering.linecorp.com/ko/blog/2019-firsthalf-line-internship-recruit-coding-test
- 축약 주소: bit.ly/RDTI_LINE

그림 3-16 라인에서 제공하는 코딩 테스트 기출문제 해설

❷ 난이도별로 제공하는 코딩 테스트 문제

코딩 테스트 연습 문제를 난이도별로 제공하는 웹 사이트가 있습니다. 바로 프로그래머스 스쿨입니다. PC에서 '프로그래머스 스쿨' URL에 접속하거나 스마트폰의 카메라 기능으로 오른쪽 QR코드를 찍어 해당 URL에 접속한 뒤, 화면 상단 메뉴에서 [코딩테스트 → 코딩테스트 문제]를 클릭하면 난이도별, 언어별로 모든 문제를 볼 수 있습니다.

▶ 프로그래머스 스쿨은 로그인해야 볼 수 있으므로 먼저 개발자 전용 회원 가입을 하세요.

- 프로그래머스 스쿨: https://school.programmers.co.kr

그림 3-17 프로그래머스 스쿨에서 제공하는 코딩 테스트 기출문제

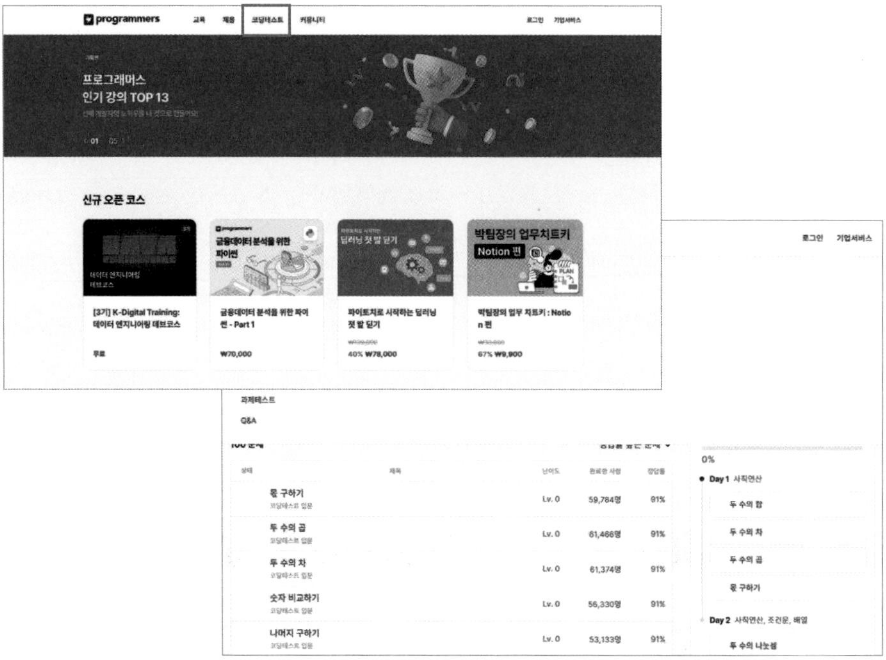

대학원 진학도 고려해 보세요!

만약 본격적으로 개발자로 일하고 싶다면 대학원에 진학해 공부하는 것도 고려해 보세요. 대학원은 전일제(full-time) 또는 시간제(part-time)로 선택하여 진학할 수 있습니다. 전일제 학생은 지도 교수의 연구실에 매일 출근하여 연구 활동, 논문 작성, 수업 지원 등을 하면서 관련 연구비 또는 월급을 지급받습니다. 그리고 시간제 학생은 대학원에서 학점을 이수하고 논문을 써서 학위를 받으며 연구비, 월급 등의 인건비는 지원받지 않는 형태입니다.

ICT 분야를 전공한 취업 준비생이라면 관련 학과의 전일제, 시간제 대학원 모두 진학을 고려해 볼 수 있습니다. ICT 전공자가 전일제 대학원으로 진학한다

면, 기업에서도 1년 또는 2년 정도를 경력으로 인정해 주는 경우가 많습니다. 시간제 대학원은 경력으로 인정해 주지 않는 경우가 많지만 관심 분야의 경력 개발, 이직 등을 위해 진학하는 경우도 있습니다.

ICT 비전공 취업 준비생 또한 ICT 분야 대학원에 전일제와 시간제 모두 진학을 고려해 볼 수 있습니다. 학부에서는 ICT 비전공자였더라도 대학원에서 ICT 분야를 깊이 공부하면 졸업한 후에는 진정한 ICT 융합 전공자가 될 수 있을 것입니다.

ICT 분야로 이직을 바라는 직장인이라면 보통 시간제 대학원을 추천합니다. 직장도 다니고 대학원도 다니니 일석이조라고 생각할 수도 있을 거예요. 그러나 시간제 대학원 과정도 간단하진 않습니다. 대학원 과정은 최소 4학기 이상이고, 학기당 3개월 반 이상을 주 2회 이상 저녁 또는 주말 수업을 이수해야 합니다. 또한 논문도 써야 해서 직장인이 시간제 대학원을 병행하기는 쉽지 않습니다. 직장인이면서 정말 ICT 분야로 전직이 확실하다면, 시간제보다 전일제로 대학원을 다니면서 깊이 있게 학습하는 것을 추천합니다.

시간적, 금전적으로 여유가 있다면 ICT 비전공 배경지식과 ICT를 융합할 수 있는 대학원으로 진학하는 방법도 고려해 보세요. 여기에서는 데이터 과학, 인공지능 등의 ICT 학문을 융합한 경우가 많습니다. 이러한 융합 분야 대학원에서는 ICT 비전공 학부의 지식과 ICT 지식을 융합한 인재 양성을 목적으로 합니다. 앞서 01장의 표 1-4에서 소개한 서울과학기술대학교 AI 경영학과가 대표적입니다.

그림 3-18 서울과학기술대학교 일반 대학원의 일반사회계열 'AI경영학과' 소개글

학과 소개

4차 산업혁명과 포스트 코로나 시대의 도래로 기업의 경영환경은 급격하게 변화하였습니다. 경영자들이 당면하고 있는 기업의 현실은 전통적인 경영학으로만 해결하기 어려우며, 경영학이 인공지능(AI)기술과 융합하여 경영현장에 도움이 되는 실질적인 가치를 창출하고 디지털 피보팅(digital pivoting)을 수행하여야 치열한 경쟁에서 생존할 수 있습니다. AI경영학과는 인공지능 기술을 기반으로 비즈니스 데이터를 이해하고, 파괴적인 혁신(disruptive innovation)으로 비즈니스 모델을 재편할 수 있는 AI경영 고급 인재를 양성하는 것을 목표로 합니다. 이를 위해, 핵심경영 및 AI기술에 대한 교육과정, AI기술이 경영에 접목되어 시너지를 창출할 수 있는 융합 교육과정, 그리고 AI관련 법/제도에 대한 교육을 수행합니다.

비전 및 전략

Vision	······•	**AI for Business Innovation(BI)**
Goal	······•	AI기술로 비즈니스 가치를 창출하는 AI 경영 고급인력 양성
Strategy	······•	경영과 AI기술에 대한 심도 있는 교육	비즈니스 인텔리전스에 특화된 T자형 교육	실무중심/현장중심형 교육 및 논문 지도

교과목 구성

AI경영 교과목

| AI기술 | 핵심 경영 | AI융합 | AI관련 법·제도 |

졸업 후 진로

졸업생들은 산업체 및 연구기관, 교육기관의 마케팅, 금융/핀테크, AI사업 기획, 기술창업 등 AI기반의 비즈니스 분석과 사업기획 역량이 요구되는 다양한 분야로 진출할 수 있습니다.

03-3

이력서·자기소개서는
작성하는 요령이 있다!

필자가 학생들의 취업 시즌에 이력서, 자기소개서 작성과 관련해서 면담하다 보면 "이 내용은 ICT 경력이 아닌데 써도 될까요?", "자기소개서의 [성격]에서 단점을 뭐라고 써야 할지 모르겠어요" 등의 공통 질문을 받습니다. 이 절에서는 ICT 분야 취업 준비를 할 때 이력서, 자기소개서를 작성하는 방법을 안내해 보겠습니다.

이력서 작성하기 — 공백기를 최소화합시다

일반적인 개발자용 이력서에는 성명, 나이, 학력, 학점, 경력, 경험, 자격증, 보유 기술 등이 포함되어 있습니다. 융합 전공자든 주 전공자든 이력서에는 될 수 있는 한 공백기를 줄이는 것이 좋습니다. 대학을 졸업한 지 5년이 되었고, 입사까지의 기간을 공백기로 두는 것보다 실제로 IT 쪽에서 근무하지 않았더라도 자격증 취득, 어학 공부, 아르바이트 등으로 공백기를 최소화하는 것이 좋습니다. "무엇이든 열심히 하고, 다양한 경험을 해봤으며, 결국 IT 개발자가 되는 길을 택했다"라는 것을 보여 줄 수 있기 때문입니다. 학력, 학점, 경력

과 경험, 자격증, 보유 기술 순으로 이력서를 작성하
는 방법을 살펴보겠습니다.

이력서를 작성할 땐 공백기를 최소화합시다!

❶ 학력

전자전기공학, 정보통신공학, 컴퓨터공학, 소프트웨어학 등 IT 관련 전공자가
아니더라도 자신이 전공한 학과를 당당하게 쓰길 추천합니다. 예를 들어 지원
자가 경제학을 전공했고 금융 IT 기업에 지원한다면, 경제학과에서 배운 금
융 관련 배경지식을 강조할 수 있습니다. 또 다른 예로 중국어를 전공하고 해
외 IT 사업에 참여하는 기업에 지원한다면, 중요한 역할을 하는 원활한 커뮤
니케이션을 위해 자신이 도움이 될 수 있다고 주장할 수 있습니다.

그리고 지원자 스스로 관련 전공이 아니라고 판단되더라도 기업에서는 어떤
분야에서든 도움이 될 수도 있습니다. 마지막으로, 학력을 작성할 때에는 일
반적으로 가장 최근 기록부터 오래된 순으로 고등학교까지 적습니다. 예를 들
어 석사 졸업자라면 석사 → 학사 → 고등학교 순으로 작성합니다.

❷ 학점

학점이 높다면 면접에서 주어진 일에 항상 열심히 하는 사람이라는 것을 강조
하고, 학점이 낮다면 합당한 부연 설명을 준비하면 좋습니다. 학점이 낮은 경
우라면 다양한 사회 경험, 교환 학생, 고시 공부 등을 예로 들 수 있습니다. 최
근 4년제 대학의 A 학점 비율은 60%에서 26% 수준까지 매우 다양합니다. 중
윗값으로만 잡아도 40% 정도는 A 학점이며, B 학점도 마찬가지로 40% 수준
입니다(대학알리미, 2023). 평균 B 학점 정도면 누적 80% 수준으로 볼 수 있
습니다.

그리고 2023년 상반기 대기업 합격자의 평균 학점은 3.8(4.5 만점)로 조사되었습니다(잡코리아, 알바몬). 물론 학교 수준에 따라 다르겠지만, 이러한 점을 고려하면 평균 학점이 B+ 이상이면 무난할 것으로 보이며, B0 이상의 수준이면 면접에서 학점과 관련된 질문을 받을 준비를 하는 것이 좋습니다. 또한 평균 B0 미만이라면 관련 질문이 나올 가능성이 매우 높으니 다른 것을 강조하거나 합당한 사유를 준비해야 합니다.

❸ 경력과 경험

ICT 쪽을 전공하지 않았더라도 경력과 경험은 공백기를 없애는 좋은 재료입니다. 우선 어학연수나 교환 학생으로 외국을 다녀왔다면 경험 부문에 넣어 나쁠 것이 없습니다. 이때 어학 성적까지 같이 내세우면 좋습니다. 또한 경력 부문에서 인턴 등을 경험했으면 ICT 분야가 아니더라도 사회 경험이니 어필하면 좋습니다. 그러나 인턴을 너무 여러 번 했거나 아예 한 번도 해보지 않았다면 면접에서 질문을 받을 수도 있으니 준비해야 합니다.

인턴을 너무 여러 번 했다면 "해당 기업에 취업하지 못한 이유는 무엇인가?" 또는 "그 기업에서 정규직 전환이 안 된 것인가?" 등의 질문을 받을 수 있습니다. 또한 인턴을 아예 한 번도 해보지 않았다면 "인턴에 지원해 본 적이 있는가?", "사회 활동을 경험한 적이 없는가?" 등의 질문을 받을 수 있습니다.

❹ 자격증

자격증은 모두 작성하는 것이 좋습니다. 운전면허증부터 시작해서 IT 부분의 자격증이 아니더라도 그 자체가 간단한 취미나 특기가 될 수 있기 때문입니다. 또한 정보처리기사 자격시험 필기는 취득했지만 실기는 준비하고 있더라도 작성하기를 권합니다. 실제로 정보처리기사 자격시험이 매우 어려운 것은 아니지만, 입사하기 전 정보처리기사 자격 취득 여부에 따라 입사 우대 등을 시행하는 회사도 많습니다. 또한 필기시험만 합격했더라도 "입사하기 전에 실기시험까지 합격하도록 노력하겠습니다" 등으로 자신을 어필할 수 있을 것입니다.

❺ 보유 기술

마지막으로, 보유 기술은 C, C++, 자바, 파이썬 등의 프로그래밍 언어부터 리눅스 등의 기술과 워드, 파워포인트, 엑셀 등의 문서 작성 능력까지도 포함합니다. 보유 기술은 일반적으로 상중하로 표기하는 편이며, 자신 있는 프로그래밍 언어는 상으로 기입하는 것도 좋습니다.

이렇게 융합 전공자든 ICT 전공자든 경력과 경험, 자격증, 보유 기술 등이 다양하다면 모두 기입하는 것이 좋습니다. 대학 재학 시절에 경험이나 경력 없이 학과 공부만 했는데 학점도 좋지 않다면 담당자에게 크게 어필되지 않기 때문입니다.

자기소개서 작성하기 — 면접에서 받을 질문까지 생각합시다

자기소개서(이하 줄여서 자소서)는 하나로 정의하기 어렵습니다. 지원 동기를 묻는 것부터 살면서 가장 힘들었던 일 등 다양한 주제를 제시할 수 있기 때문입니다. 그러나 이후 다루는 주제는 자소서뿐 아니라 면접에서도 질문할 수 있어서 범용으로 준비해야 한다는 특징이 있습니다. 다만 자소서에서 답변은

될 수 있는 한 핵심만 짧게 적고 키워드를 자연스럽
게 녹여서 서술하는 것이 좋습니다. 여기에서는 가
장 흔한 주제 3가지, 곧 학창 시절, 성격의 장단점,
지원 동기에 관한 것을 다뤄 보겠습니다.

자소서를 작성할 땐 면접에서
받을 질문에 대비합시다.

❶ 나의 학창 시절과 관련한 주제

학창 시절과 관련해서는 초·중·고등학생, 아니면 대학생 시절부터 적어도 됩
니다. 예를 들어 지원자가 끝까지 해내는 노력형이라는 것을 강조하고 싶다면
다음 예시처럼 작성할 것을 추천합니다.

먼저 맨 위에 눈에 띌 수 있도록 키워드인 '노력형'을 적은 후, 실천 사례를 구
체적으로 작성합니다. 실제 자료를 근거로 제시해야 설득력 있기 때문입니다.
이렇게 키워드와 사실에 기반한 스토리를 작성하는 것이 필자가 학생들에게
안내하는 자소서 작성 방법입니다.

학창 시절과 관련한 주제

[노력형]

중학교 체육 시간에 줄넘기 이단 뛰기 실기시험이 있었습니다. 실제로 그전까지는 이단
뛰기를 거의 하지 않아서 1개나 2개 정도밖에 못하는 수준이었습니다. 그러나 실기시험
을 보름 정도 앞둔 시점부터 하교 후에는 학교 운동장에서 친구들과 줄넘기 연습을 하고,
집에 돌아가서는 저녁 식사 후에 놀이터에서 매일 2~3시간씩 줄넘기 연습을 했습니다.
그렇게 보름 정도 빼놓지 않고 꾸준히 연습하고 노력했더니 실기시험 만점 기준인 20개
를 해냈던 경험이 있습니다. 이후 다양한 분야에서 목표를 세우고 노력하면 결과물을 만
들어 낼 수 있다는 자신감을 얻었고 자연스럽게 노력형 인간이 되었다고 생각합니다.

❷ 성격의 장단점과 관련한 주제

자소서에는 성격의 장단점과 관련한 주제가 자주 등장합니다. 자신의 성격에서 장점은 좋은 부분이니까 스스로 잘 적을 수 있을 것입니다. 그러나 단점은 무엇을 어떻게 적어야 할지 고민스러울 것입니다. 실제 단점을 적나라하게 가감 없이 솔직하게 작성하는 게 좋을지 애매하기 때문입니다. 한마디로 말해 자신의 성격에서 단점은 장점으로 승화해서 표현하는 것이 좋습니다. 예를 들어 성격이 소심한 편이라면 다음 예시처럼 '꼼꼼함'을 강조하는 방법으로 작성할 수 있습니다.

성격의 장단점과 관련한 주제

[꼼꼼함]

저는 성격이 소심한 편입니다. 그러나 이런 저의 소심한 성격은 장점이 되기도 합니다. 소심함은 좋게 표현하면 꼼꼼하다는 뜻이 될 수도 있기 때문입니다. 20XX년 A 기업에서 B 직무 인턴 사원으로 일한 적 있는데 주 업무는 다양한 고객 클레임을 받아 해결하는 것이었습니다. 고객 클레임을 해결할 때 단순히 현상만 바라보고 대응하는 사람과 고객 입장에서 하나씩 꼼꼼하게 따져 보면서 대응하는 사람 사이에는 차이가 있다는 것을 경험했습니다. 실제로 저는 고객의 입장이 되어 하나하나 꼼꼼하게 짚어 보며 대응한 결과, 다른 동료 인턴에 비해 큰 문제 없이 고객 클레임을 해결할 수 있었습니다.

❸ 지원 동기에 관한 주제

지원 동기는 자소서 뒷부분에 자주 등장하는 주제입니다. 지원 동기는 지원하는 기업의 정보 조사를 기반으로 작성해야 합니다. 해당 기업이 주력으로 하는 사업 분야는 무엇이고, 규모는 어떠하며, 어떤 부분에 특징이 있는지 등을 염두에 두고 작성하는 것이 좋습니다. 다음 예를 들어 보겠습니다.

[ICT 멀티 플레이어]

ICT 개발자는 프로그래밍 언어를 하나만 사용하면 성장이 둔해진다는 말을 많이 들었습니다. 실제로 현업 선배 개발자분들을 보면 대학 시절에는 공부하지 않았던 프로그래밍 언어와 기술을 현업에서 배우면서 사용한다고 들어 왔습니다. 귀사는 웹, 앱, 데이터 분석 등 사업 분야가 다양해서 시작은 특정 분야에서 하더라도 연차가 늘어나면서 기술 공부를 꾸준히 할 수 있어서 여러 분야에 능한 개발자가 될 수 있을 것으로 생각되어 지원했습니다. 또한 귀사는 웹 분야에서 국내 N위, 데이터 분석 분야에서 M위 등 상위를 차지하여 열심히 따라가면 분명 저도 같이 성장할 수 있으리라고 확신합니다.

지금까지 자소서에 자주 나오는 주제 3개의 예시를 들어 작성 방법을 알아보았습니다. 그 외에도 면접에서 다양한 질문을 받을 수 있으니 될 수 있는 한 간단하면서도 핵심을 중심으로 키워드를 각인시키는 자소서를 작성하는 것을 추천합니다.

03-4

포트폴리오,
임팩트 있게 준비하세요!

포트폴리오는 자신의 ICT 기술 능력을 어필할 수 있는 부분입니다. 이 책의 첫 부분부터 언급했던 것처럼, 개발자는 기술직이므로 능력과 기술이 매우 중요합니다. 그래서 면접에서도 포트폴리오 결과물과 관련한 기술 설명을 요청하는 경우가 많습니다. 이번 절에서는 면접에서 대응하는 방법까지 포함해서 포트폴리오 작성 방법을 살펴보겠습니다.

소스 코드 변경 시스템 활용하기 — 깃허브

깃허브(GitHub)는 분산 버전 컨트롤 소프트웨어 깃(Git)을 기반으로 소스 코드를 호스팅하고 협업 기능을 지원하는 마이크로소프트(MS)의 웹 서비스입니다. 설명이 왠지 복잡하다고 느낄 수도 있습니다. 간단히 말해서, 깃허브는 소스 코드의 변경 사항을 추적하기 위해 만든 깃의 온라인 버전이라고 보면 이해하기 쉬울 것입니다.

그림 3-19 깃허브 로고

ICT 관련 회사에 입사하면 다양한 코드를 작성하는데, 한두 줄만 작성해서는 프로그램이 완성되지 않을 것입니다. 소스 코드는 매일 수십에서 수백 줄을 작성할 것이고, 참여하는 개발자도 수십, 수백 명이 될 수 있습니다. 이렇게 방대한 소스 코드는 변경 사항의 추적 관리를 할 수 있어야 합니다. 예를 들어 오늘 날짜 프로그램에서는 버그가 있는데 이틀 전 프로그램에서는 버그가 없었다면, 이틀 전의 소스 코드로 돌아가서 오동작 여부를 하나씩 확인해야 합니다. 이때 깃을 활용하여 소스 코드의 변경 내역별로 하나씩 반영하고 걷어 내는 등의 작업을 합니다. 이러한 시스템의 무료 온라인 버전이 깃허브입니다.

깃을 활용하는 것은 클라우드 스토리지에 파일을 업로드, 다운로드하는 것과 비슷합니다. 깃은 웹에서 UI를 활용해서 할 수도 있고, 리눅스에서 명령어를 기반으로 할 수도 있습니다. 그래서 요즘은 입사 지원자가 수행한 프로젝트를 깃허브에 올려놓고 그 URL을 공개해 포트폴리오로 활용합니다.

그럼 이제부터 깃허브를 사용하는 방법을 소개하겠습니다.

1. 깃허브 가입 및 로그인

소스 코드를 무료로 업로드, 다운로드 할 수 있는 온라인 깃허브에 접속해서 화면 오른쪽 상단에서 [Sign up]을 클릭해 회원 가입을 합니다. 스마트폰의 카메라 기능으로 오른쪽 QR코드를 찍어도 깃허브에 접속할 수 있습니다.

- **깃허브:** https://github.com

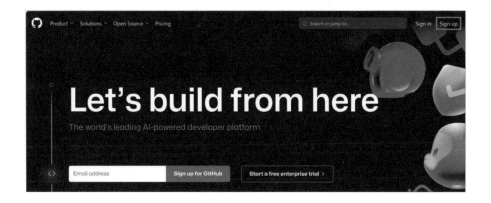

2. 환영한다는 메시지 창이 뜨면 사용하는 이메일 주소를 작성하고 [Continue]를 클릭합니다.

3. 리포지터리 생성

자신의 깃허브가 'https://github.com/[아이디]/[리포지터리 이름]'과 같은 URL로 생성될 것입니다. 이 URL을 이용하면 PC, 스마트폰, 태블릿 등 어떤 기기로 접속해도 파일을 업로드, 다운로드 할 수 있습니다. 화면 왼쪽 상단에서 [Create repository] 버튼을 클릭합니다.

▶ 리포지터리(repository)란 말 그대로 파일을 저장할 저장소입니다. PC에서 폴더라고 생각하면 됩니다.

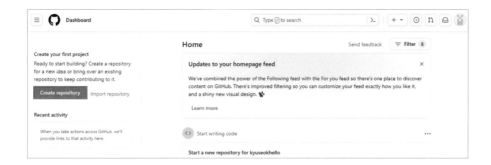

4. [Repository name]을 자유롭게 입력한 후, [Create a new respository] 버튼을 누릅니다.

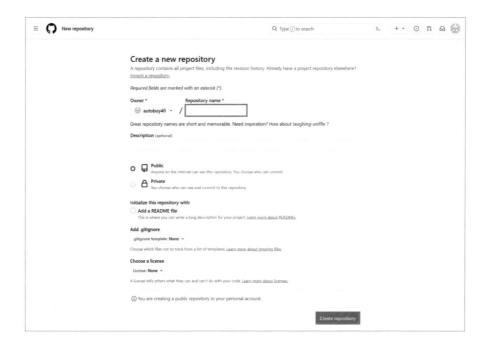

5. 파일 업로드

리포지터리를 생성하고 나면 화면 중앙에 [uploading an existing file] 메뉴가 보일 것입니다. 이 메뉴를 클릭하고 포트폴리오 파일을 올리면 됩니다.

▶ 유튜브에서 '깃허브 매뉴얼'로 검색하면 매우 다양한 영상을 볼 수 있습니다. 이 영상을 참고하면 금방 익숙해질 것입니다.

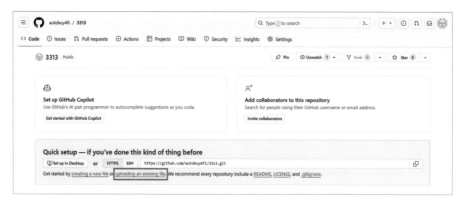

▶ 이 책을 출간한 이지스퍼블리싱의 《Do it! 지옥에서 온 문서 관리자 깃&깃허브 입문》도 추천할게요!

보기 좋은 떡이 먹기도 좋다 — 포트폴리오 디자인 플랫폼

"보기 좋은 떡이 먹기도 좋다"라는 속담이 있듯이, 포트폴리오도는 내용이 알차야 할 뿐만 아니라 겉모양새를 잘 꾸미는 것도 중요합니다. 물론, 겉모양만 멋있고 내용은 별로인 "속 빈 강정"이 되어서는 안 되고요. 포트폴리오를 작성할 때에는 간결하면서도 디자인이 예뻐야 하는데, 파워포인트 형식을 이용하면 의미도 잘 전달할 수 있어 긍정적인 효과를 낼 수 있습니다.

그러나 저는 디자인에 너무 약합니다. 실제로 그림을 잘 못 그리기도 하고, 파워포인트로 꾸며도 색감이나 구조가 신통치 않습니다. 그래서 저는 '미리캔버스'라는 디자인 플랫폼 툴을 활용합니다.

그림 3-20 미리캔버스 로고

그림 3-21 디자인 플랫폼을 무료로 제공하는 미리캔버스

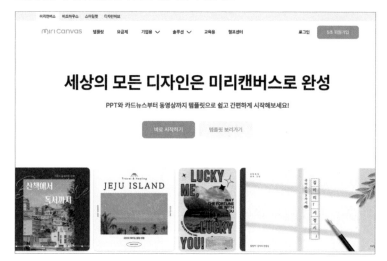

미리캔버스에서는 프레젠테이션용 PPT, 카드 뉴스, 동영상 등 다양한 디자인 플랫폼을 무료로 제공합니다. 또한 요금을 지불하면 더 많은 콘텐츠를 활용할 수도 있습니다. 그래서 저는 중요한 발표 등을 할 때 미리캔버스의 양식을 활용해 자료를 만듭니다. 여러분도 기업 입사용 포트폴리오를 작성할 때 디자인에 자신이 없다면 미리캔버스를 참고해 보세요. 스마트폰의 카메라 기능으로 QR코드를 찍으면 빠르게 확인할 수 있습니다.

포트폴리오 구성은 어떻게 할까요?

일반적으로 기업 입사용 포트폴리오는 이력서와 자소서의 내용을 '보기 좋게' 시각화하면 됩니다. '보기 좋게'란 너무 길지 않게 핵심을 잘 요약해서 작성하라는 뜻입니다. 물론, 여기에서 소개하는 것이 정답은 아니겠지만, 필자가 학생들을 지도할 때 경험한 예를 들어 설명하겠습니다.

❶ 자기소개 작성하기

포트폴리오의 구성에서 자기소개는 1쪽으로 작성하고 도입부에 넣습니다. 자기소개는 이력서의 축소판이므로 다음처럼 자신을 대표할 수 있는 키워드 1~2개를 넣어 면접관, 심사관의 이목을 끌어 보세요. 그리고 이름과 나이는 필수이고 사진은 가급적이면 밝은 모습을 선택하세요. ICT 분야가 아니더라도 직장생활이나 사회생활의 경험과 경력은 넣는 것이 좋습니다. 전공과 전문학사, 학사, 석사 능의 학력을 적고 학점이 좋다면 노력했다는 근거가 될 수 있으니 넣는 것도 좋습니다. 이어서 어학과 ICT 관련 자격, 프로그래밍 언어, ICT 기술의 숙달 정도를 넣으면 좋습니다.

포트폴리오의 구성 ①

[자기소개에 넣어야 할 필수 요소]
- 자신을 대표하는 키워드 1~2개   예 꼼꼼함, 노력형
- 이름, 사진(선택), 나이   예 홍길동, 30세
- 학교 또는 학력, 전공, 학점(선택)   예 경영학과 학사
- 경력 및 경험   예 A 기업 인사 팀 인턴(2020. 01. ~ 2020. 06.)
- 어학 성적, 자격증 등   예 토익 920점, 정보처리기사 필기시험 합격
- ICT 기술의 숙달 정도(상중하)   예 자바: 상, 파이썬: 하
- 취미, 특기   예 취미: 영화 감상, 특기: 축구

다음 그림은 미리캔버스에서 제공하는 개발자 자기소개 포트폴리오 예시입니다. 인물 사진 밑에 자신을 표현할 수 있는 키워드 2개를 표시하고, [AWARDS] 대신 [자격증]으로 표시해도 좋을 것 같아요.

그림 3-22 포트폴리오의 자기소개 디자인 예시

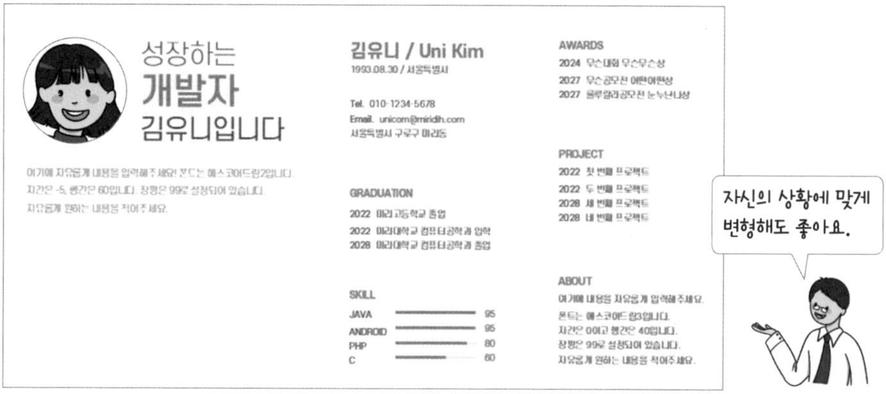

예를 들어 자신을 대표하는 키워드로 '꼼꼼함'이라고 적었다면 그 근거는 무엇인지 간단히 준비해 주세요.

- **자신을 대표하는 키워드**: 꼼꼼함
- **근거**: 저는 코딩을 할 때 속도가 느리더라도 하나씩 확인해 보는 습관이 있습니다. 코딩 속도는 처음 시작할 때보다 조금씩 빨라지고 있는 만큼 속도보다도 정확하게 하려고 노력하고 있습니다. 코딩 교육을 받을 때에도 항상 늦게까지 남아서 공부하는 편이었고, 숙제나 테스트에서는 상위권 성적을 얻을 수 있었습니다.

또 다른 예로 ICT 기술의 숙달 정도(상중하)를 표현해 보겠습니다.

- **ICT 기술의 숙달 정도**: 자바 — 상, 파이썬 — 하
- **근거**: 저는 개발의 기본 과목, 기본 언어인 자바에 집중했습니다. 파이썬은 객체지향 프로그래밍 언어이고 자바보다 쉽게 익힐 수 있는 것으로 알고 있습니다. 파이썬은 업무에 필요한 상황이라면 입사 전에 미리 학습하여 빠르게 따라갈 수 있도록 준비하겠습니다.

❷ 프로젝트 관련 내용 작성하기

포트폴리오 2쪽부터는 프로젝트와 관련된 내용을 작성합니다. 분량은 프로젝트 1개당 가급적이면 1~2쪽으로 축약하는 것이 좋고 3쪽을 넘지 않는 것이 좋습니다. 프로젝트명과 기간을 쓰고 자신이 담당한 역할을 씁니다. 그리고 프로젝트에서 전반적으로 활용한 기술을 언급하고 UX/UI 사진을 1~2컷 넣습니다. 마지막으로, 프로젝트를 하면서 배운 점, 느낀 점 등을 적으면서 마무리합니다.

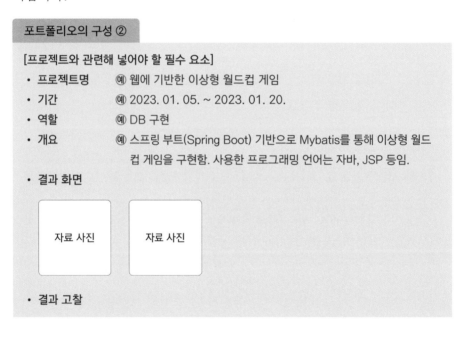

포트폴리오의 구성 ②

[프로젝트와 관련해 넣어야 할 필수 요소]
- 프로젝트명   예 웹에 기반한 이상형 월드컵 게임
- 기간   예 2023. 01. 05. ~ 2023. 01. 20.
- 역할   예 DB 구현
- 개요   예 스프링 부트(Spring Boot) 기반으로 Mybatis를 통해 이상형 월드컵 게임을 구현함. 사용한 프로그래밍 언어는 자바, JSP 등임.
- 결과 화면

| 자료 사진 | 자료 사진 |

- 결과 고찰

프로젝트 수가 많으면 좋지만 1~2개 수준으로 적을 수도 있습니다. 그럴 때에는 그 이유를 잘 고민해 보기 바랍니다. 예를 들어 프로젝트는 1~2개뿐이지만 기획부터 개발, 품질까지 모두 참여했다든지, 프로젝트 규모가 상대적으로 컸다든지 등 대응할 내용을 준비하세요.

프로젝트는 핵심적이고 규모가 큰 프로젝트를 중심으로 상위 몇 개를 선택하면 됩니다. 자잘한 프로젝트까지 다루다 보면 분량이 늘어날 수 있으므로 규모가 큰 프로젝트에서 사용한 기술 안에 포함시키는 것이 좋습니다.

면접관은 이렇게 작성한 포트폴리오를 보면서 프로젝트에서 사용한 기술이나 그와 관련된 다른 기술을 하나씩 질문할 수 있습니다. 따라서 면접에 대비하여 포트폴리오에 작성한 프로젝트 관련 내용을 숙지하는 것이 중요합니다.

❸ 포트폴리오 프로젝트와 관련한 질문 유형 3가지

포트폴리오 프로젝트와 관련해서 가장 많이 받을 수 있는 3가지 질문 유형을 소개하겠습니다.

첫째, "**이 프로젝트에서 본인의 역할은 무엇이었는가?**"라는 질문 유형입니다. 기업에서는 상용 프로젝트를 혼자서 할 수는 없습니다. 그래서 프로젝트에서 참여자들과의 관계와 협동심 등에 관한 질문을 받을 수 있습니다. 예를 들어 "본인이 맡은 역할은 무엇이었는가? 어떤 파트의 구성원과 가장 많이 협업했는가?" 또는 "어떤 파트의 구성원과 문제가 있었는가? 그래서 그 문제는 어떻게 해결했는가?" 등의 질문에 대비할 수 있어야 합니다.

둘째, "**이 프로젝트의 결과물에서 아쉬웠던 점은 무엇인가?**"라는 질문 유형입니다. 모든 업무를 완벽하게 할 수는 없습니다. 이는 기업에서도 마찬가지입니다. 예를 들어 특정 데이터를 분석하는 데 다소 오래 걸리거나, 시스템에 부하가 많이 걸리는 등의 문제가 있을 수 있습니다. 그러한 단점을 성실하게 대답하고, 추후 개선해 나갈 수 있는 방향을 제시하는 것으로 마무리하는 것이 좋습니다.

셋째, **"본인의 주 기술은 A인데, 회사에서 B를 요청하면 어떻게 하겠는가?"** 라는 질문 유형입니다. 현업에서는 자신이 해보지 않았던 일도 물어 가며 기술을 습득해서 쌓아야 합니다.

예를 들어 면접을 준비할 때 자바를 중심으로 했는데, 입사해서 C++ 개발을 요청하면 우선 그 상황을 받아들여야 할 것입니다. 신입 사원은 처음에는 자신이 어떤 개발자로 일하게 될지 확실하지 않고, 어떤 분야에 더 적합한지 검증되지 않았기 때문입니다. 실제로 자신은 자바가 재밌고 열심히 했는데 처음 해보는 C++를 더 잘하고 더 재밌게 느낄 수도 있습니다. 그래서 필자라면 "저는 신입 사원이고 제가 할 수 있는 개발, 좋아하는 개발이라면 언어에 상관없이 빠르게 학습하고, 선배님들께도 여쭈어 가며 빠르게 익히도록 하겠습니다!"라고 대답할 것입니다.

포트폴리오 프로젝트에서 사용한 기술과 관련해서는 주변 친구들과 모의 면접 등을 하면서 피드백을 서로 주고받으며 업그레이드해 보세요!

포트폴리오 프로젝트와 관련해서 가장 많이 받을 수 있는 3가지 질문 유형을 정리해 보았습니다.

> Q1. 이 프로젝트에서 본인의 역할은 무엇이었는가?
>
> Q2. 이 프로젝트의 결과물에서 아쉬웠던 점은 무엇인가?
>
> Q3. 본인의 주 기술은 A인데, 회사에서 B를 요청하면 어떻게 하겠는가?

03-5

면접 준비,
이렇게 하면 된다!

기업의 입사 전형에서 면접은 일반적으로 서류 전형 다음에 실시합니다. 면접은 크게 기술 면접과 인성 면접으로 나뉩니다. **기술 면접**에서는 인력이 필요한 현업 부서의 파트장, 팀장 등이 프로그래밍 관련 기술 중심으로, **인성 면접**에서는 주로 임원이 지원자의 성향 등을 중심으로 질의응답이 이뤄집니다. 그리고 면접 전형에 지원할 수 있다는 것은, 서류 전형은 통과된 상태이고 지원자를 검증한 후 채용 의사가 있다는 것을 의미합니다. 코딩 테스트는 서류 전형 전후에 실시하는데 보통 기술 면접에서 함께 진행되는 경우가 많습니다.

▶ 전형 순서는 기업에 따라 다소 다를 수 있다는 점도 알아 두세요.

그림 3-23 일반적인 입사 전형 순서와 내용

면접 준비하기

필자도 지난 10여 년간 신입 사원, 경력 사원으로 면접을 여러 번 봤습니다. 면접 경험을 종합해 보았을 때 당락에 크게 영향을 미치는 것은 '솔직함'과 '자신감'이었다고 생각합니다. 여러분에게 도움이 될 수 있도록 인성 면접과 기술 면접에서 필자가 실제로 경험한 내용을 중심으로 소개하겠습니다.

❶ 솔직함

솔직함이란 실제 경험과 근거를 기반으로 설득력 있게 대답할 때 느낄 수 있습니다. 예를 들어 "본인은 어떤 성향의 사람입니까?"라는 면접관의 질문에 지원자 2명이 다음과 같이 답변했다면 어느 쪽이 더 설득력 있을까요?

Q. 본인은 어떤 성향의 사람입니까?

사람들이 저를 스마트하다고 합니다. 영어 단어도 빨리 외우고, 수학 문제도 빠르게 풀기 때문입니다.

저는 꾸준한 노력형입니다. 대학 2학년 때 토익 점수가 700점 수준이었는데, 그때부터 900점 목표를 세우고 매일 아침 30분씩 듣기와 독해 공부를 했습니다. 방학 때마다 토익 시험에 응시한 결과 4학년 여름방학에는 950점을 달성했습니다. 하루도 빼먹지 않고 꾸준히 학습한 결과로 이룬 성과입니다.

아무래도 좀 더 구체적인 근거를 기반으로 대답한 두 번째 지원자일 것입니다.

예를 하나 더 들어 보겠습니다. 면접관이 "창의력을 발휘한 경험이 있나요?" 라고 질문했을 때를 가정하겠습니다. 다음 지원자 2명 가운데 어느 쪽 답변이 더 설득력 있게 느껴지나요?

Q. 창의력을 발휘한 경험이 있나요?

저는 어릴 때부터 말을 잘하고 그림도 잘 그려서 논리적이고 창의력 있다는 말을 자주 들었습니다. 실제로 주변 사람들과 대화할 때 제가 주도하곤 합니다.

대학 때 '공학적 창의성'이라는 과목을 수강했습니다. 이 과목은 프로그램을 개발해서 공모전에 참여하는 것을 목표로 합니다. 저는 이 과목에서 교수님의 지도를 받고, 궁금한 점은 조교분들께 질문하여 도움을 받아 전국 대회에서 장려상을 받았습니다. 이 경험을 통해 '열심히 하면 뭐든 할 수 있다'라는 자신감을 얻었습니다.

이번에도 두 번째 지원자가 질문과 관련해서 좀 더 구체적인 근거에 기반해서 대답했습니다.

인성 면접뿐만 아니라 기술 면접에서도 근거를 기반으로 한 솔직한 대답이 중요합니다. 면접관이 "자바로 지뢰 찾기 게임을 개발할 수 있나요?"라고 질문했을 때를 가정하겠습니다. 지원자 2명이 다음과 같이 답변했을 때 어떻게 느껴지나요?

Q. 자바로 지뢰 찾기 게임을 개발할 수 있나요?

자바로 지뢰찾기 게임을 개발한 경험은 없지만, 간단히 웹에 기반한 이상형 월드컵 게임을 만들어 본 적이 있습니다. 이 게임의 로직은 기초 프로그래밍 과목에서 배운 배열을 활용했으며, UI 부분에서는 스윙(SWING) 관련 서적을 구입하여 학습하고, 선배들에게 물어보기도 하여 6주 만에 완성한 경험이 있습니다. 만약 지뢰 찾기 게임을 개발할 기회를 주신다면, UI 부분은 스윙으로 구현하고, 로직 부분은 지뢰 찾기 원리의 이론을 학습하여 구현할 수 있을 것 같습니다.

C++는 대학 때 공부했고 학점도 A0를 받은 경험이 있습니다. 그래서 자바와 같은 형태인 객체지향 프로그래밍의 기본 구조를 파악하고 있기에 기회만 주신다면 이 경험과 기술을 기반으로 결과물을 꼭 만들어 내겠습니다.

이번에는 첫 번째 지원자가 더 상세하고 기술적으로 자신감 있게 답변했습니다. 자바의 기본 개념을 알고 있기에 스윙(SWING) 등의 기술 용어를 활용하여 잘 설명했으니까요. 두 번째 지원자도 잘못 대답한 것은 아닙니다. 자바 경험은 없지만 비슷한 객체지향 프로그래밍 언어인 C++를 사용해서 답변했기 때문입니다.

이처럼 사실을 기반으로 자신을 어필하고, 현재 시점에서는 모르고 못하는 것도 있지만 분명 개선할 자신이 있다는 점을 강조하는 것입니다. 기본적으로 기업에서 신입 사원 채용이란 입사하면 기술을 가르쳐서 발전시킬 인재를 뽑는 것이므로 면접관은 지원자가 모든 것을 다 알 것이라고 생각하지 않습니다. 그래서 열심히 해서 결과물을 만들어 내겠다는 의지와 발전성을 면접관에게 각인시켜 줘야 합니다. 그러면 좋은 결과를 얻을 수 있습니다.

❷ 자신감

면접에서는 누구나 긴장하겠지만 우물쭈물하거나 소극적으로 보이지 않는 것이 중요합니다. 예를 들어 말끝을 "~을(를) 할 것 같습니다"라고 하는 것보다 "~을(를) 하겠습니다"처럼 의지를 표명하는 어미를 사용하는 것이 좋습니다. 그렇다고 거짓말을 해서는 안 되겠지만 사회생활에서는 자신감을 갖고 헤쳐 나가는 모습을 보여 주는 것은 무척 중요합니다.

모르는 질문을 받으면 솔직하게 모른다고 말한 뒤 앞으로 배워 발전시켜 나가겠다고 강한 의지를 나타내고, 아는 것은 자신감 있게 대답하여 면접관에게 어필하는 것이 좋습니다. 실제로 개발 과정에서도 기획 팀, 품질 팀 또는 다른 개발 팀과 협업해야 하는 일이 빈번하게 발생합니다. 이럴 때 필요한 것은 코딩 기술이 아니라 의사 결정과 서로 조율하는 협상 기술이기 때문입니다. 예를 들어 면접관이 "첫 월급을 타면 무엇을 하실 건가요?"라고 질문했을 때 지원자 2명이 다음처럼 답변했다면 어떻게 느껴지나요?

Q. 첫 월급을 타면 무엇을 하실 건가요?

제 인생의 첫 월급인 만큼 저를 낳아 주신 부모님을 위해 모두 사용하겠습니다. 첫 월급날은 가족 회식일로 잡아 근사한 레스토랑에서 식사를 하고 부모님께 옷도 사드리고 싶습니다. 그리고 남은 금액은 용돈으로 드리겠습니다. 매달 할 수 있는 것은 아니지만 첫 달만큼은 꼭 그렇게 할 것입니다.

아직 계획한 것은 없습니다. 아마도 첫 월급은 먹고 싶은 것, 사고 싶은 것을 구입할 것 같습니다.

딱 보아도 첫 번째 지원자의 답변에서 자신감을 느낄 수 있습니다. 실제로 100% 그렇게 실행하지 않을 수도 있지만 적어도 마음가짐을 그렇게 먹고 계획하고 있다는 것에 칭찬하고 싶습니다. 또한 순발력 있게 대답한 점도 좋은 점수를 받을 수 있습니다.

그러나 두 번째 지원자의 답변에서는 계획성과 순발력을 찾기 힘들고, 그에 따라 자신감도 없어 보입니다. 이번 면접관의 질문은 실무에 적용했을 때 계획을 순서대로 세우는 것과 관련되어 있습니다.

❸ 면접 스터디

이 밖에 면접에서는 답변할 때 미소를 띤 얼굴로 면접관의 눈을 응시하고 올바른 단어와 경어를 사용해서 말끝을 흐리지 말고 확실하게 마무리하는 게 좋습니다. 이러한 내용을 글로만 읽어서는 익히기 어렵습니다.

필자도 10여 년 전 기업 면접을 준비할 때 '면접 스터디'를 했습니다. 인터넷 취업 커뮤니티에서는 같은 기업에 서류 합격한 사람들끼리 모여 면접을 준비하는 스터디가 다수 열렸습니다. 일주일에 한두 번씩 스터디 카페에서 만나 서로 질의응답하면서 태도나 말투 등을 피드백해 주곤 했습니다. 여러분도 면접 스터디를 통해 연습하면 훨씬 더 좋은 결과를 볼 수 있을 것입니다.

실전 면접 질문

여기에서는 필자가 직접 경험한 면접 질문과 직장에서 하고 있는 주변 지인들, 제가 근무하는 대학교 학생들이 면접에서 받았던 질문을 모아 봤습니다. SW 개발 쪽이므로 관련 기술 분야와 업무 내용이 주를 이루는 기술 면접 질문이고, 인성 면접 질문은 기획이나 품질 분야에서도 공통으로 사용하므로 범용으로 참고할 수 있습니다. 그리고 1분 자기소개는 기술 면접과 인성 면접 전형 모두 기본이라고 생각하면 됩니다.

❶ 공통 — 1분 자기소개

1분 자기소개도 앞에서 설명한 '면접 준비하기' 내용과 마찬가지로 근거를 기반으로 키워드를 이용해 자신을 어필할 수 있는 핵심 내용을 언급하면 좋습니다. 예를 들어 보겠습니다.

Q. 자기소개 해보세요.

안녕하세요? 개발 팀 지원자 홍길동입니다. 저는 2가지 특징이 있습니다. 첫째는 끈기입니다. 저는 ~~ 을(를) 했던 ~~~ 사례가 있습니다. 둘째는 노력입니다. 저는 ~~~을(를) 했던 ~~ 사례에서 그 누구보다도 ~~ 했습니다. 이렇게 끈기와 노력을 겸비한 지원자 홍길동이 개발 팀에 꼭 필요한 사람이라고 생각합니다. 감사합니다.

❷ 기술 면접 질문 모음

기술 면접에서 자주 등장하는 질문 20개를 모았습니다. 기술 면접에서 기술 부분은 매우 광범위하지만 자바를 사용해서 웹을 개발하는 것이 기본이므로 자바와 웹을 중심으로 다음을 참고해서 준비하는 것을 추천합니다. 아직 개발에 입문하지 않은 여러분에게는 매우 어려운 질문일 수도 있지만, 자바부터 웹까지 기본을 6개월 이상 열심히 학습한다면 대체로 답변할 수 있는 내용입니다.

표 3-7 기술 면접에서 자주 등장하는 질문 20개와 답변 예시　　　　　　　　　　(★: 난이도)

1 ★	가장 기억에 남는 프로젝트는 어떤 것이었나요?
	챗GPT가 유행하는 시대인 만큼 챗봇보다 업그레이드된 형태의 챗GPT를 지향하며 진행한 프로젝트가 있습니다. 대형 언어 모델인 LLM 대신에 NLP(자연어 처리)를 활용하여 문장의 형태소를 구분했습니다. 그리고 데이터는 기존에 연결된 DBMS를 활용하는 것 외에 웹 크롤링을 통해 검색 엔진에서 가져온 실시간 정보도 활용했습니다. 이 프로젝트는 시간이 가장 오래 걸리기도 했지만 끝나고 나서 보람도 있고 뿌듯해서 기억에 오래 남습니다.
2 ★	(제출한 프로젝트를 응시하며) 이 프로젝트에서 본인의 역할은 무엇이었나요?
	저는 자연어 처리 부분을 담당했습니다. 사용자가 입력한 문장에서 가장 핵심이 되는 키워드와 연관 키워드 등을 도출하여 웹 크롤링 모듈로 넘겨주는 역할이었습니다. 이때 파이썬 기초 문법을 더 공부할 수 있었고, 자연어 처리도 심도 있게 익힐 수 있었습니다.
3 ★★	(제출한 프로젝트를 응시하며) 이 프로젝트에서 아쉬운 점은 뭐가 있을까요?
	아무래도 챗GPT를 흉내만 냈다는 점이 아쉽습니다. 대형 언어 모델을 활용하여 언어 처리를 더 자연스럽게 할 수 있는 방안을 고민하고 추후 반영할 계획입니다.
4 ★★	스프링 프레임웍스(Spring frameworks)의 장점은 무엇인가요?
	스프링 프레임웍스는 대규모 프로젝트에 적합하며 업무를 기능별로 분배, 분리할 수 있다는 장점이 있습니다. 그래서 개발자 간의 코드 의존성(dependency)을 최소화할 수 있다는 점도 특징입니다.
5 ★★	스프링 프레임웍스에서 예외 처리 방법은 어떻게 되나요?
	스프링 프레임웍스에서는 익셉션핸들러(ExceptionHandler)나 컨트롤러어드바이스(ControllerAdvice) 등의 어노테이션(annotation)을 통해 예외 처리를 진행할 수 있습니다.

153

6 ★★	절차적 프로그래밍과 객체지향 프로그래밍의 차이점은 무엇인가요?
	절차적 프로그래밍의 대표적인 언어는 C이며, 객체지향 프로그래밍의 대표적인 언어는 자바입니다. 절차적 프로그래밍은 말 그대로 1줄부터 100줄까지 순서대로 구현하고 실행된다면, 객체지향 프로그래밍은 기능을 각각 따로따로 구현하고 해당 기능을 호출할 때 순서를 잘 맞추면 실행된다는 차이점이 있습니다.
7 ★★	객체지향 프로그래밍에서 다형성이란 무엇인가요?
	다형성이란 객체지향 프로그래밍의 4가지 특성인 캡슐화, 추상화, 상속, 다형성의 하나입니다. 다형성은 오버로딩, 오버라이딩 등을 통해 상황에 따라 특성과 기능을 다양한 방법으로 정의하는 것을 의미합니다.
8 ★★	프로젝트에서 보안은 다뤄 본 적이 있나요?
	보안은 깊게 다뤄 본 적은 없습니다. 그러나 빅데이터 시대에 데이터의 범람과 함께 정보 보안은 매우 중요합니다. 회사 자체의 정보일 수도 있고, 고객의 개인 정보가 될 수도 있습니다. 그래서 데이터베이스인 DBMS에 비밀번호(패스워드) 등의 민감 정보를 저장할 때에는 AES256 등의 기법을 이용해 부호화한 후 저장하는 것은 공부한 적이 있습니다.
9 ★★	코딩 테스트에서 가장 어려웠던 문제는 무엇인가요? 지금 그 문제를 다시 준다면 풀 수 있나요?
	N번 문제가 많이 고민됐습니다. ○○ 기능은 많이 다뤄 본 적은 없지만, 시험을 마치고 나와 검색해서 리마인드를 했습니다. 시간은 조금 걸리겠지만 풀 자신이 있습니다.
10 ★★	우리 회사의 사업 분야가 어떻게 나뉘는지 아시나요?
	□□ 솔루션은 2005년에 공공 사업 팀, 기업 사업 팀 등으로 구성해서 공공 사업 팀에서는 지방자치단체(줄여서 지자체)의 시스템 개발을 주로 하고, 기업 사업 팀에서는 기업체에서 의뢰하는 프로젝트를 진행하는 것으로 알고 있습니다. 그리고 2015년에는 제4차 산업혁명 시대에 발맞춰 AI 빅데이터 사업 팀이 추가되어 두 팀에서 활용할 AI와 빅데이터 부문의 솔루션 개발을 진행하는 것으로 알고 있습니다.
11 ★★	우리 회사의 어떤 분야에서 일하고 싶어요?
	저는 개발 분야라면 웹이든 앱이든 다 열심히 할 각오가 되어 있습니다. 웹은 웹대로 앱은 앱대로 장단점이 있어서 프로젝트를 재밌게 진행한 경험이 있고, 앞으로 더 배워 가면서 해나갈 자신이 있습니다.
12 ★★	5년(또는 10년) 뒤에는 어떤 분야의 전문가가 되고 싶어요?
	5년 뒤에는 아마도 대리급 개발자가 되어 있을 것입니다. 시키지 않아도 알아서 한 사람 역할 이상으로 일하는, 웹과 앱 분야의 개발자가 되고 싶습니다. 그리고 10년 뒤에는 프로젝트 리더나 매니저급 개발자로서 후배들에게 웹, 앱 그리고 데이터베이스, 클라우드 등을 가르칠 수 있는, 모든 사업에서 전문가가 되고 싶습니다.

13 ★★	어떤 개발자가 되고 싶나요?
	사원급 개발자일 때에는 기술을 잘 익히고, 대리급 개발자 이상이 되었을 때에는 어떤 문제라도 해결하고 새로운 사업을 제안할 수 있는 창의적인 개발자가 되고 싶습니다.
14 ★★	여러 사람과 프로젝트를 수행하다 보면 문제점이 생기는데, 어떻게 해결했나요?
	4명이 프로젝트를 진행한 적이 있는데 각각 문제점이 하나 이상씩은 다 있었습니다. 그래서 저는 프로젝트 리더에게 매일 스터디 시간을 갖자고 제안하여 문제점을 공유하고 해결 방안을 모색했습니다. 그 결과 프로젝트가 처음에는 약간 더디게 진행되는 것 같았지만 초기 계획한 대로 완전하게 구현할 수 있었습니다.
15 ★★	가장 자신 있는 프로그래밍 언어나 기술(스킬)은 무엇인가요?
	저는 자바에서도 어떤 문제점을 해결하거나 최적안을 도출하는 로직 구현이 가장 흥미롭습니다. 중·고등학교 시절에도 수학을 좋아해서 이과 계열로 진학했고, 대학에서도 수학 관련 과목을 다수 수강했습니다.
16 ★★	ICT 가운데 가장 관심 있는 분야는?
	데이터 수집과 분석 분야가 재밌습니다. 기존에는 데이터를 손으로 수집하고 엑셀로 정리했다면, 이제는 자동화 테스트 코드를 구현하여 분석까지도 할 수 있어서 대학에서 재밌게 수업을 들었고 흥미롭게 생각하고 있습니다.
17 ★★★	의존성 주입(dependency injection, DI)이란 무엇인가요?
	DI는 외부에서 두 객체 간의 관계를 결정해 주는 방법입니다. 다시 말하면, 두 객체 간의 의존성을 맺어 줌으로써 코드의 재사용성과 유연성이 높아지며 확장의 용이성도 있습니다.
18 ★★★	오버라이딩(overriding)과 오버로딩(overloading)을 설명해 보세요.
	오버라이딩은 부모 클래스의 메서드를 자식 클래스에서 재정의하는 것이며, 오버로딩은 메서드의 이름은 같고 파라미터의 개수나 리턴 타입 등을 다르게 정의하는 것입니다.
19 ★★★	스택(Stack)과 큐(Queue)를 설명해 보세요.
	스택은 먼저 들어간 것이 나중에 나오는 자료형이며, 큐는 먼저 들어간 것이 먼저 나오는 자료형입니다.
20 ★★★	자바에서 콜 바이 밸류(Call by Value)와 콜 바이 레퍼런스(Call by Reference)의 차이를 설명해 보세요.
	콜 바이 밸류는 값에 의한 호출로서 해당 변수를 복사하여 처리하므로 원래의 값이 보존됩니다. 그러나 콜 바이 레퍼런스는 해당 변수를 복사하지 않고 메모리에 직접 접근하여 처리하는 것으로 원래의 값도 변경됩니다. 자바에서는 콜 바이 밸류가 기본이지만, 배열과 클래스는 콜 바이 레퍼런스로 동작합니다.

기술 면접은 보통 30분 ~ 1시간 정도 진행되며, 면접관과 지원자의 구성은 [다대일]이거나 [다대다]입니다. 면접관을 만족시키는 지원자의 조건은 크게 두 가지로 정리할 수 있습니다.

첫째, 신입 사원은 경력 사원이 아니기에 면접관으로서 지원자에게 100% 완벽한 지식을 요구하지 않습니다. 면접자는 지원자가 입사했을 때 앞으로 문제를 얼마나 잘 해결해 나갈지, 또한 발전 가능성이 얼마나 있을지 등을 판단합니다. 물론 그렇다고 해도 실력은 0인데 가능성만 보여 줄 수는 없습니다. 예를 들어 어려운 질문을 받았을 때에는 단순히 모르겠다는 단답으로 끝내는 것은 좋지 않습니다. 질문과 관련해서 아는 용어나 지식을 제시하고, 질문에 해당하는 부분은 숙지하겠다고 답변하는 것이 바람직합니다.

둘째, 기업에서 면접관은 경력이 상대적으로 길고 많은 사람들을 대해 봤을 것입니다. 그러므로 거짓말을 하거나 무리하게 과장하는 것은 좋지 않습니다. 예를 들어 A가 아니라 B가 맞다고 강하게 주장하거나 하루 24시간 동안 잠도 안 자고 코딩만 했다고 하면 면접관으로서는 과장하는 것으로 들릴 수 있습니다. 그래서 모르는 것은 앞의 예시처럼 학습하겠다는 의지를 보이고 솔직하게 답변하는 것이 좋습니다.

❸ 인성 면접 질문 모음

인성 면접에서 자주 등장하는 질문 20개를 정리해 보았습니다. 기술 면접과 달리 일반적이면서 인성과 관련된 질문인데, 개발 직군이 아니더라도 공통 부분이므로 면접 스터디 등에서 연습하면서 서로 피드백해 줄 수 있어서 좋습니다. 인성 면접의 질문 예시는 답변이 매우 다양하게 나올 수 있으므로 생략하고 넘어가겠습니다. 전반적으로 자신의 경험을 토대로 솔직하게 답변하면 좋은 결과를 얻을 수 있을 것입니다.

표 3-8 인성 면접에서 자주 등장하는 질문 20개

1	우리 회사에 지원한 동기는 무엇인가요?
2	본인 성격의 장단점을 간단히 설명해 보세요.
3	어떤 개발자가 되고 싶나요?
4	본인이 인생에서 가장 노력했던 경험은 무엇인가요?
5	개발자로 지원했는데, 다른 부서로 배치되면 어떻게 하시겠어요?
6	본인의 커뮤니케이션(소통) 능력은 어떻다고 생각하시나요?
7	동료와 의견 대립이 생긴다면 어떻게 해결할 것인가요?
8	10년 뒤, 20년 뒤의 꿈은 무엇인가요?
9	최근에 읽은 책이 있나요?
10	여가 시간에는 주로 어떤 활동을 하나요?
11	본인은 리더형인가요, 팔로워형인가요?
12	혼자 일하는 것을 선호하나요, 팀으로 일하는 것을 선호하나요?
13	스트레스 해소 방안이 있나요?
14	본인이 좋아하는 좌우명은 무엇인가요?
15	친구가 많은 편인가요?
16	취미는 무엇인가요?
17	특기는 무엇인가요?
18	우리 회사에 대해서 간단히 설명해 보세요.
19	주변 사람들은 본인을 어떤 사람으로 평가하나요?
20	어려움을 극복한 사례가 있나요?

03-6

개발자가 사용하는 영어 회화, 기본만 알면 걱정 없다!

필자가 실제 경험한 내용을 토대로 상황에 따라 개발자가 자주 사용하는 영어 회화를 소개합니다. 연구원 생활에서 영어 회화는 상대 해외 개발자와 문제를 해결하기 위해 협의하는 것이 주 목적이었습니다. 목적이나 상황에 따라 대화 내용이 겹칠 수도 있어서 디바이스와 호환성 검증 이슈가 있을 때, 소프트웨어에 버그가 있거나 프로젝트를 진행할 때 이렇게 2가지로 구분해서 구체적으로 알아보겠습니다.

여기에서 소개하는 내용 외에 예상치 못한 돌발 질문이 나오더라도 걱정하지 마세요. 보디랭귀지, 번역기 등을 활용해도 의사소통을 할 수 있으니까요. 그래도 다음 내용은 빈번하게 만날 수 있는 질문과 답변이니 숙지하면 편리합니다.

해외 출장에서 사용하는 영어 회화

❶ 디바이스와 호환성 검증 이슈가 있을 때

우선 독일, 폴란드 등의 해외 출장에서 사용한 영어 회화 내용을 7개 영역으로 정리해 보았습니다. 첫 번째 해외 출장은 팀에서 연구, 개발한 디바이스를 상대 디바이스와 호환성 검증(interoperability verification)을 위해 포럼, 세미나, 컨퍼런스 등에 참석하는 것이었습니다. 여기에서는 매우 일반적인 내용이면서 기술과 관련해 단어 몇 개만 바꿔 가면서 중복해서 사용하는 경우가 많았습니다. 그 당시를 회상하며 실제 현장에서는 영어로 어떻게 대화하는지 살펴봅시다.

학창 시절 영어 교과서에서 배운 것처럼 매우 일반적인 내용으로 첫인사와 함께 악수를 하면서 명함을 주고받습니다.

첫 만남	Hello, Nice to meet you. I am ☆☆☆, a software engineer from ○○○ electronics, Seoul, Korea. (안녕하세요! 만나서 반가워요. 저는 한국의 서울에서 온 ○○○전자 소프트웨어 엔지니어인 ☆☆☆입니다.)
	Hello, Nice to meet you, too. I am ▶▶▶, a software verification engineer from △△ electronics, Munich, Germany (안녕하세요! 저도 만나서 반가워요. 저는 독일 뮌헨에 있는 △△전자의 소프트웨어 검증 엔지니어인 ▶▶▶입니다.)

날씨나 아침 식사 여부와 함께 주의를 환기하면서 센스 있게 업무 관련 이야기를 시작합니다.

업무 시작	How's your breakfast? (아침 식사는 괜찮으셨나요?)
	Yes, it was very good! (네, 아주 맛있었어요.)
	Is it ok to start the interoperability test between your devices and ours? (이제 장치 간의 상호 운용성 테스트를 시작해도 괜찮을까요?)
	Of course! (물론이죠!)

이 정도쯤이야 어렵지 않지. 반복해서 연습해야겠다!

159

디바이스 검증을 본격적으로 시작하기 전에, 우리 쪽과 상대가 검증하고자 하는 것은 무엇인지 서로 간단히 설명합니다.

상황 소개	Before the verification, I will explain the specification of our devices. I brought the three devices, A, B and C. Device A is ~. Device B is ~. Device C is ~. These three devices are … (검증을 시작하기 전에, 저희 장치들의 사양을 설명하겠습니다. 세 개의 장치인 A, B 그리고 C를 가져왔습니다. 장치 A는 ~입니다. 장치 B는 ~입니다. 장치 C는 ~입니다. 이 세 장치는 ~(세 장치의 특징 또는 상호작용에 관한 설명)입니다.)
	Thank you for your explanation. I will also explain about our device. I brought one device, named D. This device has ~. This device is ~. (설명해 주셔서 감사합니다. 이제 저희 장치를 설명하겠습니다. 저는 D라는 장치를 가져왔습니다. 이 장치는 ~(장치의 특징 또는 상호작용에 관한 설명)입니다.)

정해진 검증 목록이 있다면 서로 공유하고 시작합니다.

검증 시작	Thank you for explanation, too. (설명해 주셔서 감사합니다!)
	Then, Let's start the verification, from the first one on the testing list. (그럼, 테스트 목록의 첫 번째 항목부터 검증을 시작합시다.)

검증하는 도중에 문제가 발생하면 우리 쪽과 상대 쪽의 로그를 확인합니다. 상황에 따라 문제 인식을 먼저 하고 나서, 자세한 내용은 주고받은 명함의 이메일로 추후 서로 알릴 수도 있습니다.

문제 상황 파악	Can I have a second to check the logs? A software bug on my device seems to be occurred on my screen. (혹시 로그를 확인할 시간을 주시겠어요? 저희 쪽 화면에 소프트웨어 버그가 발생한 것 같습니다.)
	Alright. I will also check the logs from our side. (알겠습니다. 저도 우리 쪽 로그를 확인하겠습니다.)

	그 자리에서 로그를 확인하고 문제가 생긴 원인을 공유합니다.
역할 분담	As I checked my logs, I found some problem in the source code. After going back to the office, I will modify the source code and share you with the result by E-mail. (로그를 확인해 보니 소스 코드에 문제가 있어 보입니다. 사무실로 돌아가서 소스 코드를 수정한 후 결과를 이메일로 공유하겠습니다.)
	OK, thank you. I will also check if there's any problem with our source code. (네! 알겠습니다. 감사합니다. 저도 우리 소스 코드에 문제가 있는지 확인하겠습니다.)

	지금까지 진행한 내용의 결과를 사무실로 돌아가서 이메일로 공유하겠다는 인사를 하며 마무리합니다.
끝인사	It was a good time to have a talk and verify the devices. Nice meeting you, ▶▶▶. I will send you an E-mail after going back to the office. (대화를 나누고 장치를 검증하는 좋은 시간이었습니다. ▶▶▶ 님, 만나서 반가웠어요. 사무실로 돌아가면 이메일을 보내겠습니다.)
	Me, too. Nice meeting you, ☆☆☆. I will also check the bug lists occurred during the test, and send you an E-mail, then. (☆☆☆ 님, 저도 만나서 반가웠어요. 테스트에서 발생한 버그 목록을 확인하고 이메일을 보내겠습니다.)
	Have a good day! (좋은 하루 되세요!)
	Have a good day, too! (네! 좋은 하루 되세요!)

이처럼 개발자로서 영어 사용과 관련해서는 크게 고민하지 않아도 됩니다. 사용하는 단어 자체가 깊이 있는 것도 아니고, 사용하는 문구를 반복해서 활용하는 일반적인 회화 수준입니다. 각국의 정상들이 만나서 진중한 회담을 하는 것도 아니므로 그다지 어렵지 않습니다. 그리고 필자가 경험한 바에 따르면, 별다른 예외 상황이 일어나는 경우는 많지 않을 것이므로 여기에서 소개한 문장을 외워서 하더라도 문제가 없을 것입니다.

❷ 소프트웨어에 버그가 있거나 프로젝트를 진행할 때

두 번째 해외 출장은 소프트웨어에 버그가 있거나 프로젝트를 진행할 때 해외 엔지니어와 대응하며 의사소통하는 것이었습니다. 대화 내용은 앞에서 소개한 '디바이스와 호환성 검증 이슈가 있을 때'와 많이 겹칩니다. 그러나 앞에서는 현상(phenomenon)을 토대로 추후 연락하겠다는 내용이었다면, 이번에는 소프트웨어 문제가 발생한 원인(cause)과 해결한 후 결과를 설명합니다. 그리고 앞에서 추후 연락하겠다는 내용도 다음 내용으로 대체할 수 있습니다.

이번에는 문제의 원인과 결과 내용 중심으로 대화를 이어 가겠습니다. 첫인사와 끝인사는 바로 앞에서 했던 것처럼 진행하면 되므로 생략합니다.

문제 상황을 공유하고 확인합니다.

현상	When a user presses the main button on the screen, the related popup is sometimes not shown. The occurrence rate is around 1 out of 20. (화면의 주 버튼을 누르면 관련 팝업이 때때로 표시되지 않습니다. 발생률은 대략 20회 중 1회입니다.)

문제의 발생률과 원인을 찾기 위해 테스트하고 있음을 설명합니다.

원인	I also tested the case more than 300 times. The occurrence rate is less than 1 out of 50. So, I check the related source code. I found an unhandled exceptional code when pressing the main button. Now, I am trying adding the code for the exceptional case and testing it. I will let you know about that soon. (제가 300번 이상 테스트했으며, 발생률은 50회 중 1회 미만입니다. 그래서 해당 소스 코드를 조사했습니다. 주 버튼을 누를 때 발생하는 예외 코드를 찾았습니다. 이제 해당 예외 상황을 해결할 코드를 추가하고 테스트하고 있습니다. 곧 결과를 알려 드리겠습니다.)

바로 통역해 주는 번역 앱도 있어요!

마지막으로, 수정한 코드를 기반으로 검증한 결과, 문제가 없다는 것을 설명합니다.

문제 해결	I added three cases of the unhandled exceptional code and tested it 500 times. Finally, I found that the issue has never occurred. (저는 처리되지 않은 예외 코드에 세 가지 경우를 추가하고 이를 500번 테스트했습니다. 마침내 문제가 발생하지 않았습니다.)

영어 이메일 응대 방법

필자는 해외 엔지니어들과 직접 대화하는 것보다 영어로 이메일을 쓰는 경우가 더 많았습니다. 해외 출장은 가끔 있지만, 해외 엔지니어와 진행하는 협업은 빈번한데 이때 주로 이메일을 사용하기 때문입니다.

▶ 실제로 국내 개발자나 직장인 사이에서도 주로 이메일이나 메신저를 이용해 대화할 때가 많습니다.

여기에서는 필자가 직상 생활을 하면서 이슈가 생겼을 때 상대 외국 엔지니어와 영어 이메일로 응대한 사례를 소개합니다. 이메일은 크게 제목과 내용으로 구분할 수 있는데, 내용에서 이슈 현상은 간단히 설명하고 이슈 발생 빈도는 어떠한지 등도 써넣었습니다. 그리고 관련 로그는 첨부 파일로 추가하면 좋습니다.

❶ 이메일 제목

이메일 제목 맨 앞에 대괄호([])를 이용해 이메일의 목적을 표시하면 상대방이 빠르게 파악할 수 있어서 좋습니다. 그뒤에 이메일 제목을 간결하게 씁니다.

- [Request]: 요청할 때
- [Inform]: 내용을 전달할 때
- [Urgent]: 급함을 알릴 때

❷ 이메일 내용

첫 인사를 하고 자신의 이름과 직책을 간단히 소개한 뒤 이슈 관련 내용은 간단 명료하게 설명합니다. 이메일 내용도 이메일 제목처럼 대괄호를 이용해 소제목을 달면 알아보기 쉽습니다. 마지막으로, 끝인사와 함께 자신의 이름을 남깁니다. 이제부터 홍길동 PM과 마이클 케빈 PM이 이슈와 관련해서 이메일을 어떻게 주고받는지 구체적으로 알아보겠습니다. 홍길동 PM이 마이클 케빈 PM에게 이슈를 확인하고 수정해 줄 것을 요청하는 이메일부터 살펴봅시다.

한눈에 알아보기 쉽게
작성하세요.

이메일 제목	[Request][Inform][Urgent] Disabled button related issue(#123456)
이메일 내용	Dear Kevin, I am Gildong Hong, a software PM from OO electronics, Seoul, Korea. As I checked the latest version of OOO SW, I found some issue occurred frequently. The issue description is as below. [Reproducing path] Execute the application > Click on the main button 10 times. [Issue] The number of click is not counted accurately. [Reproduction rate] 1/20 I'm attaching the related logs to this E-mail. Best Regards, Gildong Hong

이슈와 관련된 핵심 내용만
간단히 작성하세요.

다음으로 이메일을 받은 마이클 케빈 PM이 홍길동 PM에게 보내온 내용을 살펴봅시다.

이메일 제목	Re: [Request][Inform][Urgent] Disabled button related issue(#123456)
이메일 내용	Dear Hong, I am Micheal Kevin, a software PM from OO software, San Diego, USA I will check the attached logs and get back to you ASAP. Best Regards, Michael Kevin

이렇게 이메일을 주고받고 나서 며칠이 지나 마이클 케빈 PM이 해당 이슈를 해결하고 수정한 소스 코드를 이메일에 첨부하여 홍길동 PM에게 보내옵니다.

이메일 제목	Re: Re: [Request][Inform][Urgent] Disabled button related issue(#123456)
이메일 내용	Dear Hong, Thank you for waiting. The issue has been resolved by fixing the connection status between the client and the server. I will attach the modified source code. Please let me know the test result. Best Regards, Michael Kevin

다음으로 홍길동 PM이 수정한 소스 코드를 검증한 후 그 결과를 마이클 케빈 PM에게 이메일로 보냅니다.

이메일 제목	Re: Re: Re: [Request][Inform][Urgent] Disabled button related issue(#123456)
이메일 내용	Dear Kevin, As I did the reproduction test more than 100 times, the issue hasn't occurred. Thank you so much. Gildong Hong

이번 예시는 해외 엔지니어와 이슈 대응을 할 때 자주 사용할 것이므로 잘 익혀 두세요. 이슈에 따라 내용만 조금씩 바꾸면 여러분도 충분히 대응할 수 있습니다.

03-7

개발자와 소통하려면 꼭 알아야 할 용어 25개

SW 개발자로 일할 때 늘 사용하는 용어를 소개합니다. 대학에서는 잘 쓰지 않지만 현업에서는 빈번하게 사용하니 미리 살펴보면 면접에서도 유용할 것입니다. 또한 개발 부서가 아니더라도 알아 두면 개발자들과 회의를 하거나 의사소통할 때 커뮤니케이션 능력에서 빛이 날 것입니다.

표 3-9 SW 개발 현장에서 사용하는 용어

용어	정의	예시
깃 (Git)	여러 사람과 프로젝트를 진행할 때 소스 코드의 변경 사항을 추적, 관리하는 형상 관리 툴입니다. '깃의 사용'은 개발자의 필수 역량입니다.	이 코드는 **깃**에 반영합시다. 해설 이 코드는 형상 관리 툴에 올려서 전체에 공유합시다.
로그 (log)	소프트웨어 또는 하드웨어 서비스에서 만들어 내는 시스템 이벤트의 기록입니다. 예를 들어 웹 브라우저를 통해 웹 사이트에 접속하여 특정 버튼을 누르는 등의 이벤트가 로그 형태로 기록됩니다.	이번에 나온 버그의 **로그** 분석은 완료했나요? 해설 이번에 발생한 오류의 원인 분석은 끝났나요?

167

용어	정의	예시
롤백 (roll-back)	데이터베이스에서 업데이트한 후 오류가 발생했을 때 이전 상태로 돌리는 것을 뜻합니다. 일반적으로 데이터베이스뿐만 아니라 소스 코드 부분에서도 통용됩니다.	이 코드는 **롤백**합시다. 해설 이 코드는 이전 상태로 걷어 냅시다.
백엔드 (backend)	서버 개발 분야로, 데이터를 저장·관리하는 역할을 합니다.	저의 개발 경력은 **백엔드** 중심입니다.
버그 (bug)	소프트웨어 버그(software bug)의 줄임말로, 예상치 못한 잘못된 결과나 오류를 뜻합니다.	이번 버전에서 **버그**가 나왔으니 코드를 롤백해야겠어요. 해설 이번 버전에서 소프트웨어 오류가 발생했으니 소스 코드를 걷어 내야겠어요.
서버 (server)	데이터를 포함하거나 네트워크에서 다른 컴퓨터에 액세스하는 역할을 하는 컴퓨터를 뜻합니다.	저는 데이터베이스 **서버**의 유지보수 업무를 담당하고 있습니다.
애즈 이즈 (AS IS)	현재의 상태나 모습을 뜻하며, 일반적으로 프로젝트를 시작하기 전의 상태입니다.	이 프로젝트를 수행하기 전에 **애즈 이즈**와 **투 비**를 문서에 정리해서 공유해 주세요. 해설 이 프로젝트를 수행하려면 수행 전과 후의 모습을 비교·정리해서 알려 주세요.
투 비 (TO BE)	미래의 이상적인 상태나 목표를 뜻하며, 프로젝트를 완료한 후의 상태입니다.	
오픈 소스 (open source)	공개하는 소스 코드로, 누구나 무료로 사용하거나 변경·재배포할 수 있습니다.	저희가 사용하는 코드는 **오픈 소스**가 아니라 유료 버전이므로 활용할 때 비용이 발생합니다.
운영체제 (OS)	OS는 operating system의 줄임말이며, 컴퓨터 시스템의 하드웨어와 소프트웨어의 자원을 효율적으로 운영·관리할 수 있는 시스템 소프트웨어입니다. 예를 들어 스마트폰의 OS는 안드로이와 iOS 등이, PC의 OS는 윈도우·리눅스·도스·iOS 등이 있습니다.	현재 스마트폰 시장의 **운영체제**는 안드로이드와 iOS로 양분됩니다.

용어	정의	예시
이슈 (issue)	개발에서는 기능, UI 등의 오류를 뜻합니다.	**이슈**가 터졌어. 해설 문제(오류)가 발생했어.
클라이언트 (client)	서버와 연결된 모든 기기를 말합니다. 데스크톱 PC, 노트북 PC, 스마트폰, 태블릿, TV, 센서 등 사용자 입장에서 다루는 디바이스입니다.	저는 **클라이언트** 앱 개발자로서 안드로이드 앱 개발을 담당하고 있습니다.
킥오프 (kick-off) 미팅	일반 비즈니스 용어인데, ICT에서는 프로젝트를 시작하는 착수 회의를 뜻합니다.	다음 주 월요일에 **킥오프 미팅**을 합시다. 해설 다음 주 월요일부터 이 프로젝트를 시작합니다.
풀스택 (full-stack)	프런트엔드부터 백엔드까지 전체를 의미합니다.	저는 **풀스택** 개발자입니다. 해설 저는 클라이언트와 서버 모두 개발할 수 있습니다.
프런트엔드 (frontend)	사용자가 접하는 쪽의 웹과 앱을 개발하는 분야입니다. 주로 사용자 인터페이스(UI)와 사용자 경험(UX)을 만드는 데 초점을 맞추고 있습니다.	저의 개발 경력은 **프런트엔드** 중심입니다.
HW	hardware의 줄임말로, 컴퓨터를 물리적으로 구성하는 CPU, 하드디스크, 모니터 등의 요소가 있습니다.	**HW**를 전공했습니다. 해설 하드웨어를 전공했습니다.
MD	man day의 줄임말로, 1MD는 1명이 1일 동안 할 일입니다.	이 프로젝트는 120**MD** 분량입니다. 해설 이 프로젝트는 3명이 40일 동안(또는 2명이 60일 등) 해야 할 분량입니다.
MM	man month의 줄임말로, 1MM은 1명이 1개월 동안 할 일입니다.	이 프로젝트는 20**MM** 분량입니다. 해설 이 프로젝트는 2명이 10개월 동안(또는 4명이 5개월 등) 해야 할 분량입니다.

용어	정의	예시
PL	project leader의 줄임말로, PM 이하 기능별 리더를 의미합니다. 따라서 PL은 여러 명이 존재할 수 있습니다.	UI PL님과 개발 PL님은 회의하고 계십니다.
PM	project manager의 줄임말로, 해당 그룹(부서) 또는 팀별 리더를 뜻합니다. 예를 들어 기획 PM, 개발 PM, 품질 PM 등이 있습니다	오늘 우리 PM께서 커피 한잔 살 예정이십니다. 메뉴를 골라 주세요.
PoC	proof of concept의 줄임말로, 새로운 프로젝트를 수행할 때 실현 가능성이 있는지 미리 간단히 검증하는 과정을 뜻합니다.	이 프로젝트를 수행할 때 협력사와 PoC 검증 먼저 하겠습니다.
SI	system integration의 줄임말로, 시스템 개발을 뜻합니다.	저의 직무는 SI입니다. [해설] 저는 시스템 개발자입니다.
SM	system management의 줄임말로, 시스템을 유지보수하는 것을 의미합니다.	저의 직무는 SM입니다. [해설] 저는 시스템 유지보수 담당자입니다.
SW	software의 줄임말로, 컴퓨터를 동작시키는 프로그램을 의미합니다.	SW를 전공했습니다. [해설] 소프트웨어를 전공했습니다.
WBS	work breakdown structure(업무 분류 체계)의 줄임말로, 프로젝트의 전체 범위를 조직하고 분할된 내용을 기반으로 진행 상황을 관리·통제하는 기준입니다.	오늘 날짜 WBS를 공유해 주세요. [해설] 오늘 날짜의 업무 진행 상황을 알려 주세요.

융합 개발자 인터뷰 3

법학과를 나와서
교통 IT 기업에서
프런트엔드 개발을 하고 있어요!

이름	임개발(가명)
전공	법학과
경력	과학 학원 강사
현재	교통 IT 기업(3년 차)

자기소개 부탁합니다.

데이터융합소프트웨어과를 졸업하고, 3년 차 쯤 근무한 프런트엔드 개발자입니다.

**대학 다닐 때 코딩을
경험해 봤나요?
그리고 IT 분야를 해야겠다고
마음 먹은 계기나 동기는
무엇이었나요?**

사실 법학을 전공해서 수험 생활을 조금 했는데, 끝나고 나서 이제 뭘 해야 할지 몰라 적성 검사를 했어요. 그런데 딱히 제가 어떤 걸 특별하게 하고 싶거나 그런 게 없더라고요. 솔직히 말씀드리면 취업이 좀 잘 되는 분야로 가고 싶었어요. 왜냐하면 저는 특출난 게 없고 적당히 잘 하는 그런 정도였거든요. 성격도 둥글둥글한 편이어서 코딩이라는 것도 막연히 '하면 되겠지' 그런 생각으로 지원했던 것 같아요.

**그럼 혹시 코딩을 하는 데
수학이 많이 중요할까요?**

수학도 중요한데, 잘 아시겠지만 코딩에서 논리적으로 사고하는 것과 조금 다른 것 같아요. 수학이 물론 중요하지만 문과적으로 사고하는 것과 코딩을 하기 위해서 사고하는 것은 방향성이 다르니까요. 코딩 학습에서는 사고하는 방법을 배우기 때문에 누구나 할 수 있다고 생각합니다.

법학 전공자로서
코딩 교육을 처음 받을 때
어떤 점이 힘들었나요?

진짜 하나도 모르겠더라고요. 너무 생소하기도 하고 뭐가 뭔지도 모르겠고…. 처음 수업받을 때 자바 과목 선생님이 말씀해 주신 게 기억납니다. 처음부터 완벽하게 이해하려고 하면 안 된대요. 원래 이렇게 돌아가는 구조이니까 그냥 이 플로를 한번 그냥 따라가자 이런 식으로 해야 한다고요. 수험 공부하듯이 "완벽히 알고 넘어가야겠다" 이렇게 하면 안 된다는 부분에서 좀 힘들었어요.

지금 취업 준비를 하는
신입 사원 후배들에게
해주고 싶은 팁이 있을까요?
어떤 걸 집중해서 공부하고,
또 어떻게 준비해라,
이렇게 구체적으로요.

코딩을 잘하는 게 무엇보다 중요하다고 생각해요. 입사 동기 중에도 한국폴리텍대학에 입학해서 그동안 사용하던 프로그래밍 언어를 다시 공부하는 분들이 많아요. 처음에는 마음이 급해서 프로젝트를 무조건 엄청 많이 만들려고 하는데요. 그래서 저도 프로젝트를 여러 개 만들었는데, 지금 생각해 보니 하나를 제대로 좀 깊이 있게 만드는 것이 좋겠다는 생각이 듭니다.

마지막으로,
지금까지 주로 기술 면접과
관련된 팁을 소개했는데,
인성 면접을 준비하는
팁을 준다면?

인성 면접은 실제로 회사에 입사했을 때 자신이 일하는 모습을 상상하면서 앞으로 어떤 사람이 되어야겠다고 생각해 보면 도움이 될 거예요. 또한 같은 개발자로서 함께 성장해 나가야 하니까 그런 방향으로 생각해 보세요. 회사도 물론 성장해야 하고요.
그리고 요즘 평생 직장이라고 생각하지 않잖아요. 지금 배운 기술만으로 계속 가겠다, 이런 사람도 없고요. 나만 좋은 커리어 만들어 나가면 된다는 마음보다 함께 성장하고 발전한다는 방향으로 생각하면 좋겠어요.

04

자고 일어나면 생겨나는
ICT 신기술 이해는 필수!

이 장에서는 일상생활에서 활용하는 최신 ICT 기술들을 소개하면서 이와 관련해서 개발자로서 취업할 수 있는 분야를 살펴봅니다. 앞으로 연구원, 개발자로서 진로를 찾는 데 도움이 되었으면 합니다.

04-1

ICBM + AI는
어떻게 활용되고 있을까?

ICBM + AI는 이 책 맨 앞의 '들어가며'에서 간단히 설명했듯이 제4차 산업혁
명 시대의 ICT 핵심 기술 키워드로 인문사회학을 비롯해 예술, 공학 등 다양
한 분야와 융합되어 발전되고 있습니다. 그래서 최근에는 대학의 학과, 산업
체 등 다양한 분야에서 'ICT 융합'이라는 키워드를 빼놓을 수 없기도 합니다.

ICBM + AI는 사물 인터넷(IoT), 클라우드 서비스(cloud service), 빅데이터
(big data), 모바일(mobile)의 영어 첫 글자와 인공지능을 뜻하는 AI(artificial
intelligence)를 합친 말입니다. ICBM의 첫 번째인 사물 인터넷(IoT)부터 시
작해 볼까요?

그림 0-3 제4차 산업혁명 시대의 5가지 핵심 기술

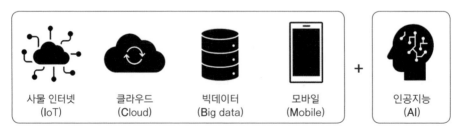

사물 인터넷   클라우드   빅데이터   모바일   인공지능
(IoT)   (Cloud)   (Big data)   (Mobile)   (AI)

원격으로 제어하는 사물 인터넷(IoT)

사물 인터넷(internet of things, 이하 줄여서 IoT)은 스마트 기기를 인터넷 등의 네트워크에 연결하여 데이터를 주고받는 기술입니다. 예를 들어 집 안의 가전제품을 집 밖에서도 스마트폰의 앱을 이용해 조작할 수 있습니다. 전자제품을 조작한다는 것은 '전원을 켜라', '전원을 꺼라' 등의 데이터를 A 기기에서 B 기기로 전달하여 원격 제어하는 것을 의미합니다.

그림 4-1 대표적인 IoT 앱 LG씽큐

최근 몇 년 사이에 국내에서 시판하는 세탁기, 건조기, 로봇 청소기 등의 가전제품은 해당 브랜드의 IoT 통합 앱으로 조작할 수 있습니다. 삼성전자는 스마트싱스(SmartThings) 앱을, 엘지전자는 LG씽큐(LG ThinQ) 앱을 스마트폰에 설치하면 해당 브랜드의 가전제품을 직접 만지고 조작하지 않아도 원격으로 ON/OFF 기능을 비롯하여 예약 등의 세부 기능 등을 제어할 수 있습니다. 또한 세탁, 건조, 청소 등의 작업이 완료되면 알림도 받을 수 있습니다.

IoT 서비스와 관련한 직무 분야

IoT는 딱 한 가지를 정할 수 없을 정도로 여러 분야로 확장되고 있습니다. 가전제품뿐만 아니라 학교 출석 체크를 스마트폰 앱으로 하고 체중계, 스마트워치 등 다양한 디바이스와 연결되고 있죠. 위의 예시만 보더라도 직무 분야가 벌써 4가지 이상 나오네요! 대략 정리한 IoT 서비스별 주요 구현 기능을 12개 분야로 구분하면 다음과 같습니다.

표 4-1 IoT 서비스의 12개 분야별 주요 구현 기능

헬스 케어/ 의료/복지	• 지정인 활동 상태 관리·분석 • 보호자 모니터링·알림 • 심리 안정 디스플레이 콘텐츠	에너지	• 시스템 소비 전력 모니터링·절감 • 배터리 현황 모니터링 • 에너지 데이터 시각
제조	• 반복 업무 자동화 • 산업 환경 실시간 모니터링 • 장비 가동 효율 증대	스마트홈	• 원격 홈 관리 • 홈 보안 향상 • 다세대 주거지 공용 공간 시스템화
금융	• 결제 간소화 • 생체 인증 보안	교육	• 자동 출결 시스템 • 전자 도서관 • 온라인 수업
국방	• 무인 이동체, 네트워크 등 무인 체계 • 감시·정찰 기술 고도화	농림/ 축산/수산	• 산업 환경 데이터 수집 • 원격 모니터링·관리 • 빅데이터를 활용한 생산 효율 증대
자동차/ 교통/ 항공/ 우주/조선	• AI 도입 영상 분석 시스템 • 주차장 자동 통합 관리 • 실시간 교통 상황 중계	관광/ 스포츠	• 맞춤형 관광 상품 패키지 추천 • 사용자 위치 기반 여행 경로 추천 • 맞춤형 운동 추천과 활동 데이터 구축
소매/물류	• 물류 창고 관리 시스템 • 운송, 장비 가동 효율 증대 • 무인 택배함 운용	건설·시설물 관리/ 안전/환경	• 건물, 네트워크 보안 • 건물 상태 원격 모니터링 • 건물 에너지 관리 효율 증대

언제 어디서든 연결해 주는 클라우드 서비스

ICBM+AI

두 번째로 클라우드 서비스(cloud service)는 인터넷상에 존재하는 각종 시스템과 인프라로 원격 서버에 있는 데이터나 서비스 등을 PC, 태블릿, 스마트폰 등 다양한 디바이스에서 접근할 수 있도록 해주는 기술입니다. 회사에서 PC로 작성한 파일을 서버에 올려놓고 퇴근한 뒤, 집에서 스마트폰이나 태블릿 등 다양한 디바이스에서 접근할 수 있는 것도 클라우드 서비스의 한 분야입니다. 이미 여러분도 많이 사용하는 구글의 구글 드라이브(Google Drive), 마이크로소프트의 원드라이브(OneDrive) 등을 예로 들 수 있습니다.

클라우드 서비스의 분야는 계속 세분되고 있으나 크게 보면 다스(DaaS), 사스(SaaS), 파스(PaaS), 이아스(IaaS)로 구분할 수 있습니다.

▶ 다스·사스·파스·이아스는 개발자들 사이에 영어로 통용되므로, 이후에는 영어만 사용하겠습니다.

그림 4-2 클라우드 서비스의 종류 4가지

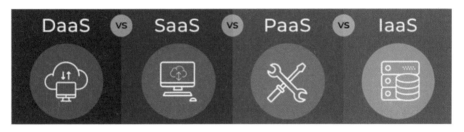

| 가상의 데스크톱 환경 제공 | IaaS를 기반으로 가상의 인프라 위에 SW 제공 | IaaS를 기반으로 가상의 플랫폼 제공 | HD와 그에 맞는 OS 제공 |

DaaS(Desktop as a Service, 서비스형 데스크톱)는 인터넷만 연결되면 가상의 데스크톱을 쓸 수 있는 서비스입니다. 이와 비슷한 개념으로 구글에서 제공하는 크롬(Chrome) 원격 데스크톱 서비스가 있습니다. 집에 있는 데스크톱 PC가 크롬 원격 데스크톱 서비스의 서버로 로그인되어 있는 상태로 켜져 있다면 집 밖에서나 학교, 사무실 등에서 PC, 스마트폰, 태블릿 등 다양한 기기에서 접속해 원격으로 활용할 수 있습니다.

2019년 말부터 전 세계로 불어닥친 코로나19 바이러스로 많은 기업에서는 재택근무를 실시했습니다. 실제로 코로나19 엔데믹을 선언한 지금도 재택근무를 시행하는 기업이 많아 DaaS를 활용하고 있습니다. 원격 데스크톱인 DaaS에 접속하는 PC는 터미널 역할만 수행하므로 성능이 크게 좋지 않아도 된다는 장점도 있습니다.

▶ DaaS는 주 52시간 근무제를 이용하는 직장인의 업무 효율을 매우 높여 주는 데 기여했다는 연구(2018년 7월)도 있습니다.

SaaS(Software as a Serivce, 서비스형 소프트웨어)는 클라우드 서비스 가운데 가장 완성된 형태로, 클라우드 인프라 위에 소프트웨어를 탑재해 서비스를 제공합니다. 소프트웨어 라이선스를 별도로 구매할 필요 없이 월간/연간 구독 형태로 서비스 사용료만 지불하면 됩니다. 대표적인 서비스로 N드라이브, 구글 드라이브, 아이클라우드(iCloud), 슬랙(Slack), 마이크로소프트365, 드롭박스(Dropbox), 세일즈포스(Salesforce) 등이 있습니다.

PaaS(Platform as a Service, 서비스형 플랫폼)는 IaaS를 기반으로 가상의 플랫폼을 제공해 인프라 걱정 없이 개발과 테스트에 집중할 수 있도록 돕습니다. 대표적인 서비스로 세일즈포스닷컴(Salesforce.com)의 헤로쿠(Heroku), 레드햇(Redhat)의 오픈시프트(OpenShift) 등이 있습니다.

IaaS(Infrastructure as a Service, 서비스형 인프라)는 PaaS와 SaaS의 밑바탕이 되는 기술로, 하드웨어(HD)와 그에 맞는 운영체제(OS)를 제공합니다. 대표적인 서비스로 AWS(Amazon Web Services)의 EC2와 구글의 GCE(Google Compute Engine), 가비아의 g클라우드 등이 있습니다.

클라우드 서비스와 관련한 직무 분야

클라우드 서비스 개발은 아마존·구글·마이크로소프트를 비롯한 글로벌 대기업과 카카오·네이버 등의 국내 대기업에서 이루어지고 있습니다. 국내 클라우드 관련 기업은 이러한 대기업의 서비스를 활용하여 특정 기업에 구축하고 관리해 주는 역할을 하는 엔지니어링 직무가 많습니다. 클라우드 서비스 분야로 취업을 희망한다면 아마존, 구글, 마이크로소프트, IBM 등에서의 개발·엔

지니어링 등의 직무와 국내에서는 메가존클라우드(주), 베스핀글로벌(주) 등
에서의 엔지어링 직무 등이 있습니다.

데이터를 쌓아 정보를 제공해 주는 빅데이터

세 번째로 빅데이터(big data)는 기존의 데이터베이스 관리 도구의 능력을 넘
어서는 대량의 정형 데이터와 비정형 데이터를 비롯하여 이를 활용한 가치 추
출, 결과 분석 방법까지 포함하는 개념입니다. 다시 말하면 단순히 데이터의
규모가 크다는 것뿐만 아니라 이를 활용한 분석 방법까지도 의미합니다.

실제로 우리가 장시간 사용하는 스마트폰, 태블릿, PC 등에서 접속한 웹 페이
지, 음악 재생 등의 기록은 사용자 동의 여부에 따라 서버에 데이터로 쌓입니
다. 이렇게 다양한 분야에서 모인 빅데이터는 시장과 고객 관심 분석을 통해
추천, 경고 등의 정보를 제공하는 데 활용합니다.

그림 4-3 멜론에서 제공하는 음악 재생 인기 차트

빅테이터와 관련한 직무 분야

빅데이터 분야로 취업을 희망한다면 기본적으로 데이터를 분석하는 만큼 통계 툴인 SPSS, SAS 등은 다룰 줄 알아야 합니다. 추가로 파이썬을 통해 데이터 수집과 인공지능 예측까지도 가능하다면 취업 경쟁력은 더 강해질 것입니다. 그리고 빅데이터 분야는 제4차 산업혁명 시대에 기획, 마케팅, 영업 등 거의 모든 분야와 기업에서 수요가 있으니 통계를 좋아한다면 도전해 보세요.

스마트폰, 다들 가지고 계시죠? 모바일

ICBM + AI

네 번째로 모바일(mobile)은 영어로 '움직이기 쉬운', '이동성의'를 뜻하는 형용사 또는 '움직일 수 있는 장치'를 뜻하는 명사로, 주머니에 들어갈 만한 크기의 컴퓨터 장치입니다. 오늘날 스마트폰은 아침에 일어나서부터 밤에 잠들기까지 일상생활에서 하루 종일 사용하는 장치라고 해도 과언이 아닙니다. 예전에는 컴퓨터로 인터넷을 하고 휴대전화로 SNS 등의 메신저를 사용했지만, 이제는 스마트폰으로 모든 것을 대체할 수 있습니다. 그래서 요즘 컴퓨터는 자주 바꾸지 않더라도 휴대전화는 대부분 약정 기간과 비슷한 약 2년마다 한 번씩 교체하는 상황입니다. 스마트폰뿐만 아니라 태블릿, 스마트 워치 등 다양한 휴대용 단말기도 활용하고 있습니다.

모바일 앱과 관련한 직무 분야

이제는 음악을 듣고, 영화를 보고, 배달 음식을 주문하는 등 모든 행위는 스마트폰으로 할 수 있는 시대입니다. 앱 개발 분야로 취업을 희망한다면, 안드로이드뿐만 아니라 아이폰의 앱까지 개발할 수 있는 실력을 갖추면 더 경쟁력이 있을 것입니다. ▶ 앱과 관련된 자세한 설명은 04-3절을 참고하세요.

질문하면 챗GPT가 다 알려 준다! 인공지능(AI)

ICBM + AI

마지막으로 AI는 인간의 학습 능력, 추론 능력, 지각 능력 등을 컴퓨터가 흉내 내는 기술입니다. 그동안 영화에서나 봤던 로봇의 행동, 역할 등이 이제는 현실로 다가오고 있는 세상입니다. 최근에는 챗GPT(ChatGPT)가 매우 성행하고 있습니다. 이미 사용해 보았겠지만, 챗GPT는 학습한 데이터의 양이 매우 많고 질문에 답변한 내용도 매우 매끄럽습니다. 이 기술도 데이터 학습부터 결과물을 도출하는 답변까지 AI 기술을 기반으로 합니다.

▶ 챗GPT에 이어서 텍스트를 입력하면 AI가 이미지를 생성하는 미드저니(Midjourney), 달리(DALL-E) 같은 이미지 생성형 AI 프로그램도 요즘 인기가 있습니다.

AI와 관련한 직무 분야

챗GPT는 고객 서비스를 위한 상담, 영업, 마케팅, 교육 등 다양한 분야에서 활용할 수 있습니다. 그러므로 AI 분야로 취업을 희망한다면 앞에서 설명한 '빅데이터와 관련된 직무 분야'를 참고하세요. AI 분야도 예측에 적절한 수학적, 통계적 기법을 활용합니다. 그래서 통계 툴과 파이썬을 기본으로 숙지해야 합니다.

배운 것을 정리해 볼까요?

- 제4차 산업혁명의 핵심은 ICBM + AI 및 ICT 융합입니다.
- 우리 모두 제4차 산업혁명 시대의 핵심 기술인 ICBM + AI를 사용하고 있고, 이 분야의 엔지니어가 될 수 있습니다.
- 이제 ICT 분야에서는 '전공자/비전공자'가 아니라 '전공자(개발자)/융합 전공자(융합 개발자)'로 구분합니다.

04-2

스타벅스 직원은 손님이 매장에 있는지 알 수 있다고요?

직장인에게 점심시간은 식사를 하면서 동시에 쉴 수 있는 소중한 시간입니다. 여러분도 식사를 마친 후에 카페를 자주 이용하죠? 그런데 카페에서 줄을 서서 기다려야 한다면 그 시간이 무척 아까울 것입니다. 그래서 식사를 마칠 때쯤 커피를 주문하고 이동하자마자 테이크아웃할 수 있는 방법을 활용하죠. 바로 스마트폰의 카페 앱을 이용해서 주문·결제하는 건데요.

이 기술은 단순히 앱으로 메뉴를 주문·결제하면 서버로 주문 내역이 전송되는 특징만 있는 게 아닙니다. 물론 앱과 서버 간의 통신 기술을 기반으로 하는 것은 맞지만 눈에 띄는 특징 2가지가 더 있습니다.

그림 4-4 미리 주문·결제해서 시간을 절약해 주는 스타벅스 모바일 앱

스타벅스 앱의 특징

스타벅스 앱은 GPS와 비콘 기술을 사용한다는 특징이 있습니다.

❶ GPS 기술을 이용한다

스타벅스 앱의 첫 번째 특징은 앱 사용자가 음료를 주문하려면 매장에서 2km 이내에 있어야 한다는 것입니다. 이때 실외 측위 기술인 GPS를 활용합니다. GPS(global positioning system)는 우리말로 '범지구 위치 결정 시스템' 또는 '범지구 위성 항법 시스템'이라고 하는데, 지구 주변의 위성에서 송신하는 시간 값을 4개 이상 받아 수신자의 위치를 계산합니다. 이렇게 계산한 x, y, z의 좌푯값은 추측하는 것이므로 GPS 단말기의 성능에 따라 차이가 날 수 있습니다.

또한 이 신호는 매우 약해서 터널, 지하, 외벽이 두꺼운 빌딩 등에서는 수신되지 않습니다. 실제로 운전을 하다가 긴 터널이나 지하 차로 등을 지나면 내비게이션이 위치를 제대로 잡지 못하는 경험을 종종 해보았을 것입니다. 이것이 GPS 기술의 한계입니다. GPS는 앞에서 이야기한 것처럼, 추측한 값을 이용하므로 실제로 최소 수 미터의 측위 오차가 발생합니다. 그래서 수십 센티미터급 정밀 측위와 관련된 방안은 여전히 연구 분야입니다.

❷ 비콘 기술을 이용한다

스타벅스 앱의 두 번째 특징은 주문한 고객이 매장에 들어왔는지 스타벅스 직원들이 알 수 있다는 것입니다. 이때 블루투스, 와이파이, RFID, UWB(ultra wideband) 등 실내 측위 기술의 일부를 사용합니다.

▶ RFID(radio frequency identification)란 사물에 고유 코드가 기록된 전자 태그를 부착하고 무선 신호를 이용하여 해당 사물의 정보를 인식·식별하는 기술입니다. 무선 식별, 전자 태그, 스마트 태그, 전자 라벨이라고도 합니다.

그중에서 가장 핵심 기술은 비콘(beacon)입니다. 비콘

기술은 블루투스, 와이파이 등의 통신 기술에 상관없이
근거리에서 특정 신호를 발신합니다. 발신 방법은 바로
'사람이 귀로 들을 수 없는 초음파'를 내보내는 것이죠. 바로 스타벅스 매장
입구에 비콘이 설치되어 있습니다.

스마트폰에는 통화할 수 있도록 마이크가 기본으로 내장되어 있는데 이 마이크는 사람이 들을 수 없는 대역의 주파수까지도 감지합니다. 그래서 스타벅스 앱이 설치되어 있는 스마트폰의 마이크를 통해 초음파 영역의 소리와 블루투스를 이용해 관련 주파수 신호를 탐지하고 있다가 매장 입구에서 해당 신호를 감지하면 서버에 고객이 왔음을 알리는 것입니다. 여기서 스타벅스 매장의 블루투스 신호를 쏘는 것이 비콘이고, 스마트폰은 그 신호를 받는 역할을 합니다.

GPS와 비콘 기술을 확인하고 싶다면 스타벅스 앱을 스마트폰에 내려받은 후 스마트폰의 [설정 → 스타벅스]에서 스타벅스 접근 허용 목록을 살펴보세요. 스타벅스 앱에는 GPS에 해당하는 '위치', 비콘에 해당하는 '마이크' 권한이 할당되어 있을 것입니다. 스타벅스 앱을 설치하여 처음 실행할 때 사용자가 권한을 허용한 것입니다.

그림 4-6 스타벅스 앱에서 설정하는 접근 허용 목록

다양하게 활용하는 비콘 기술

앞에서 설명한 비콘 기술은 스타벅스 사이렌 오더뿐만 아니라 SK의 시럽 월렛(Syrup wallet) 앱과 구글의 크롬캐스트(chromecast) 등에서도 사용합니다. SK의 시럽 월렛 앱은 사용자가 비콘이 설치된 매장에 들어서면 모바일 전단, 할인 혜택, 쿠폰 등을 스마트 폰에 제공해 줍니다. 예를 들어 이 앱을 설치한 스마트폰을 들고 사용자가 '버거킹' 매장 에 들어서면 '버거 할인쿠폰'을 자동으로 보여 줍니다. 또한 최근 대학에서는 출석 체크 를 할 때 스마트폰과 교실의 비콘을 연동한 자동화 시스템을 활용하고 있습니다.

측위 기술에 기반한 서버-클라이언트 개발의 3가지 직무 분야

여러분이 스타벅스의 사이렌 오더와 같은 측위 기술에 기반 한 서버-클라이언트 개발 프로젝트에 참여한다면 직무는 크 게 다음 세 분야를 생각해 볼 수 있습니다.

저는 어떤 일을 할 수 있을까요?

❶ 사이렌 오더 기술을 개발하는 직무

첫 번째로 사이렌 오더 기술 자체를 개발하는 직무입니다. 이 분야에서는 사 이렌 오더 기술 자체를 도입하고 측위의 정확도를 높이는 연구를 하는데, 정 확도를 높이기 위해 다양하게 시도하고 이와 관련해서 특허를 출원하는 등 기 술을 확보하는 일을 합니다.

2023년 7월 31일 기준, 취업 정보 플랫폼 사람인에서 '비콘'으로 검색한 결 과, 채용 공고 수는 29건이었습니다. 이 공고 가운데 상당 부분은 사이렌 오 더 기술과 관련이 없으며 블루투스와 와이파이 등의 비콘 하드웨어를 개발하 는 직무도 있었습니다. 개발직이 아니라 연구직이다 보니 상대적으로 공고 수 와 모집 인원이 적었습니다.

❷ 사용자의 모바일 앱을 개발하는 직무

두 번째로 프런트엔드에 해당하는 사용자의 모바일 앱을 개발하는 직무입니다. 이 직무 분야에서는 기본적으로 사용자가 선택한 메뉴를 서버에 전송하여 주문할 수 있게 하는데 이때 결제와 알림 등도 포함합니다. 모바일 앱은 안드로이드와 iOS로 크게 양분되는데, 둘 다 개발할 수 있다면 임금과 취업의 문이 당연히 더 넓어집니다.

2023년 7월 31일 기준, 취업 정보 플랫폼 사람인에서 '모바일 개발'로 검색한 결과, 채용 공고 수는 3,773건이었고 그중에 신입/경력 무관은 1,407건(37.3%)이었습니다. 안드로이드 앱 개발자에게는 자바·코틀린·플루터를, iOS 앱 개발자에게는 스위프트와 오브젝티브-C 언어를 사용하는 개발 기술 등을 기본으로 요구하고 있습니다.

표 4-2 모바일 앱 개발자에게 필요한 프로그래밍 언어

안드로이드 앱	iOS 앱
Java 자바　Kotlin 코틀린　Flutter 플러터	Swift 스위프트　Objective-C 오브젝티브-C

❸ 사용자 관련 정보를 보관·처리하는 서버를 개발하는 직무

세 번째로 백엔드에 해당하는 분야로, 사용자의 회원 정보부터 주문 내역 등 다양한 실제 데이터를 보관·처리하는 서버를 개발하는 직무입니다. 2023년 7월 31일 기준, 취업 정보 플랫폼 사람인에서 '서버 개발'이라는 키워드를 검색했을 때 채용 공고 수는 총 4,519건이었고 신입/경력 무관은 1,376건(30.4%)이었습니다.

자격 요건은 대체로 AWS 등의 클라우드 서버 개발 경험과 리눅스를 요구하는 경우가 많았고, 개발 언어로는 자바, 오라클, MySQL, 스프링 프레임웍스 등입니다.

▶ AWS(Amazon Web Services)란 아마존닷컴의 클라우드 컴퓨팅 사업부로, 다른 웹 사이트나 클라이언트의 응용 프로그램에 온라인 서비스를 제공합니다.

표 4-3 서버 개발자에게 필요한 자격 요건과 프로그래밍 언어

자격 요건	클라우드 서버 개발 경험, 리눅스 기술
프로그래밍 언어	Java 자바 ORACLE 오라클 MySQL MySQL 등

이렇게 앱 개발 직무를 비콘 솔루션, 모바일 앱, 서버 개발의 세 분야로 나눌 때, 특정 분야인 비콘 솔루션 개발 분야보다 거의 모든 사업에 포함된 프런트엔드와 백엔드 개발 관련 분야의 취업 문이 훨씬 넓다는 것을 알 수 있습니다.

▶ 프런트엔드, 백엔드와 관련된 교육과정은 03-1절을 참고하세요.

배운 것을 정리해 볼까요?

• GPS는 실외에서만 동작하는 기술입니다.
• 비콘은 실내외 구분하지 않고 근거리에서 동작하며, 눈에 보이지 않는 주파수 신호를 송출하는 기술입니다.

04-3

ICT 신기술 ②
IC, NFC, MST 기술

애플페이는 왜 늦게 상용화했나요?

요즘 우리나라에서는 전통시장이나 길거리 매장 등에서도 현금을 사용하는 사람이 매우 드뭅니다. 심지어 스마트 뱅킹으로 계좌 이체를 할 정도입니다. 예전에는 버스를 탈 때 승객이 현금을 내면 잔돈을 거슬러 받거나 충전한 교통카드를 이용했지만, 요즘은 교통카드 기능이 내장된 신용카드나 스마트폰을 활용합니다. 2023년 3월부터 서울시에서 실시한 '현금을 사용하지 않는 버스' 정책에 따라 교통카드, 모바일 앱 또는 계좌 이체로 버스 승하차를 할 수 있는 세상이 되었기 때문입니다. 그러면 현금 대신 사용하는 범용 신용카드, 체크카드나 스마트폰의 앱은 어떤 기술을 사용해서 만들까요? 이번 절에서는 IC, NFC, MST 기술을 알아보겠습니다.

신용카드, 체크카드에 적용한 IC 기술

먼저 교통카드 기능이 내장된 신용카드부터 알아봅시다. 이런 신용카드에는 작은 금박의 IC(integrated circuit) 칩이 붙어 있는데, 여기에는 아주 작은 양의 개인 정보가 저장되어 있습니다. 그래서 교통카드 단말기에서 해당 IC 칩에 있는 정보를 읽어 처리하는 것입니다. 체크카드도 같은 원리입니다.

그림 4-7 신용카드의 앞면과 뒤면

스마트폰 앱에 적용한 NFC 기술

다음으로 교통카드 기능을 하는 스마트폰 앱에는 교통카드에서 IC 칩 역할을 하는 NFC(near field communication) 기술이 들어 있습니다. IC와 NFC 기술은 몇 가지 차이가 있지만 용량이 매우 작은 초근접 거리의 무선 통신 기술이라는 공통점도 있습니다. 04-2절에서 설명한 비콘 기술은 GPS보다 훨씬 근접해야 하는 근거리 무선 통신 기술이며, NFC는 그중에서도 매우 근접해야 한다는 특징이 있습니다.

IC와 NFC 기술의 차이 3가지

IC와 NFC의 가장 큰 차이점은 첫째 접촉 방식입니다. IC는 접촉을 해야 하지만, NFC는 IC만큼 가깝지 않아도 됩니다. 예를 들어 IC를 활용한 신용카드로 결제할 때에는 기기에 꽂아야 하지만, NFC를 활용한 스마트폰은 조금 떨어져 있어도 결제가 됩니다.

둘째, 신용카드의 IC 칩은 볼 수 있지만, 스마트폰의 NFC는 단말기 내부 어딘가에 있어서 눈으로 확인할 수 없습니다.

셋째, 일반적으로 IC 칩의 용량이 NFC보다 크고, 보안도 IC가 더 유리한 편입니다.

삼성페이의 MST 기술 vs 애플페이의 NFC 기술

삼성페이에 적용한 기술은 MST(magnetic secure transmission)입니다. 신용카드 뒷면 위쪽 마그네틱 부분에는 자석 가루가 얇게 뿌려져 있어서, 신용카드 단말기는 이 자석 부분의 자기장을 통해 카드의 정보를 얻어 결제를 진행합니다. 바로 스마트폰의 MST 기술이 신용카드와 같이 자기장을 통해 정보를 전달하고, 이때 결제 단말기는 스마트폰을 신용카드로 인식하는 것입니다.

▶ MST 기술은 루프페이(LoopPay)에서 개발했는데 이 회사는 2015년 삼성전자에 인수되었습니다. 이후 MST 기술은 삼성전자의 스마트폰에서 범용으로 활용하고 있으며, 우리나라를 비롯한 북미·유럽·아시아 등 전 세계 여러 나라에서 순차로 적용되고 있습니다.

그러면 국내 스마트폰 페이 시장에서 삼성페이와 양대 산맥을 이루는 애플페이는 그동안 왜 사용되지 않았을까요? 애플페이가 국내에 빠르게 도입되지 않은 이유는 결제 방식의 차이 때문입니다. 애플페이는 MST가 아니라 NFC 방식을 사용하는데, 국내 신용카드 가맹점에 설치된 결제 단말기는 주로 MST 방식이었고 NFC 방식은 10% 미만이었습니다.

그러나 MST 방식의 기술은 자기장을 통해 정보를 암호화하지 않고 전송한다는 점에서 보안에 취약하다는 문제점이 제기되어 왔습니다. 최근 「여신전문금융업법」의 개정으로 결제 단말기도 MST에서 NFC 방식으로 변경되어 가고 있습니다. 2023년 3월 21일, 현대카드가 NFC 결제 가능 단말기를 가맹점에 보급하여 애플페이 사용을 촉진하고 홍보했는데, 이후 애플페이는 국내 진출 3주 만에 사용자 수 200만 명을 돌파했습니다.

그러다 보니 삼성페이는 MST 방식과 NFC 방식을 동시에 지원하는 것을 강조하며 홍보하는 상황입니다. 이렇게 페이 관련 시장은 점점 커지고 경쟁이 심화되고 있습니다.

그림 4-8 MST 기술을 적용한 삼성페이와 NFC 기술을 적용한 애플페이

페이 기술 관련 모바일 결제 개발의 3가지 직무 분야

여러분이 페이 기술과 관련된 모바일 결제 개발 프로젝트에
참여한다면 직무는 크게 다음 세 분야로 나눌 수 있습니다.

❶ MST, NFC에 기반한 페이 솔루션을 개발하는 직무

첫 번째로 스마트폰에 내장된 MST, NFC를 기반으로 하는 페이 솔루션 자체
를 개발하는 직무로 삼성전자, 애플과 같은 제조사에서 연구하는 분야입니다.
04-2절에서 스타벅스의 사이렌 오더 솔루션 기술과 같이 해당 기술 자체를
도입하고, 결제와 관련된 정확도와 보안 등을 높이기 위해 다양하게 시도하
며, 특허 출원 등의 기술을 확보하는 등의 연구를 진행합니다.

❷ 사용자의 모바일 앱을 개발하는 직무

두 번째로 사용자의 모바일 앱을 개발하는 프런트엔드에 해당하는 직무입니
다. 이 직무도 04-2절에서와 마찬가지로 결제할 때 서버와 연동하거나 보안 등
을 포함합니다. 삼성전자, 애플, 현대카드와 같은 스마트폰 제조사와 금융 기업
에서 연구·개발하며, 이와 관련해서 협력 개발 부분이 포함될 수 있습니다. 모

바일 앱은 단순히 페이 모바일 앱에 국한되지 않고 04-2절처럼 안드로이드와 iOS로 크게 양분됩니다.

❸ 카드 관련 정보를 보관·처리하는 서버를 개발하는 직무

세 번째로 백엔드에 해당하는 분야로, 카드와 관련된 정보를 보관·처리하는 서버를 개발하는 직무입니다. 이 분야도 서버 개발이라는 범용 개발 직무에 해당합니다. 그러므로 04-2절의 2023년 7월 31일 기준, 취업 정보 플랫폼인 사람인에서 '서버 개발'이라는 키워드로 채용 공고 수를 검색한 결과를 참고하세요.

페이 기술 관련 모바일 결제 개발의 직무를 페이 솔루션, 모바일 앱, 서버 개발의 세 분야로 분류했을 때, 특정 분야인 페이 솔루션 개발 분야보다 거의 모든 사업에 포함된 프런트엔드와 백엔드 개발 관련 분야의 취업 문이 훨씬 넓습니다.

▶ 프런트엔드, 백엔드와 관련된 교육과정은 03-1절을 참고하세요.

배운 것을 정리해 볼까요?

- IC, NFC, MST는 모두 초근접 거리 기술입니다.
- IC는 칩이 외부에 드러나 있고 직접 접촉해야 하지만, NFC와 MST는 보이지 않고 거리가 조금 떨어져 있어도 동작합니다.

04-4

ICT 신기술 ③
컴퓨터 비전, 딥러닝 기술

이제 편의점에서는 절대 못 훔쳐요!

대형 마트에서는 계산대 한쪽에 키오스크(kiosk)를 도입하여 손님이 직접 계산하는 시스템으로 운영하고 있습니다. 최근에는 음식점, 커피숍, 극장 등으로 키오스크 도입이 확산되는 추세입니다. 이러한 무인 시스템은 인건비를 줄인다는 장점이 있으나 디지털 기기에 익숙하지 않은 손님도 있어서 붐비는 시간에는 효율성이 떨어질 수 있습니다.

무인 결제 방식 시스템에 적용한 기술

무인 마트라고 하면 "이미 존재하잖아?" 또는 "그게 대단한 기술인가?"라고 생각할 수도 있습니다. 무인 아이스크림 판매점처럼 우리 주변에서도 흔히 볼 수 있기 때문입니다. 그러나 무인 매장에서는 계산을 하지 않고 가는 손님도 있어 CCTV 등의 자료를 이용해 사후 처리를 해야 하는 문제점도 있습니다. 이러한 문제점 발생을 최소화한 첨단 무인 매장을 소개하면서 어떤 기술을 사용하는지 알아보겠습니다.

❶ '아마존 고'의 결제 방식 — 저스트 워크아웃 테크놀로지

2016년 12월, 미국의 아마존닷컴은 워싱턴주 시애틀에 아마존 고(Amazon Go)라는 완전 무인 마트를 열었습니다. '아마존 고'의 매장에 들어가려면 입구에서 스마트폰 앱의 QR코드를 이용해야 합니다. 손님이 매장에 들어서는 순간부터 매장 안의 수많은 카메라와 각종 센서로 동선을 파악하고, 손님이 집어 든 물건은 장바구니로 판단합니다. 손님이 물건을 가지고 매장을 나서면 미리 등록한 신용카드로 결제가 이루어집니다.

그림 4-9 아마존 고의 매장 입구

아마존은 이러한 기술과 관련하여 영상을 처리하는 컴퓨터 비전, 딥러닝, 센서 퓨전 기술을 묶은 '저스트 워크아웃(Just Walkout) 테크놀로지'로 특허를 받았습니다. 아마존 고의 저스트 워크아웃 테크놀로지는 혁신적인 기술이라 할 수 있습니다. 이 기술은 손님이 장바구니에 담은 물건을 인식하지 못하거나 오류를 내는 경우가 거의 없어 물건을 훔쳐 가는 등의 상황은 벌어질 수가 없다고 합니다.

- **컴퓨터 비전(computer vision)**: 이미지 분석 기술을 말합니다. 인공지능 기술이 발달해 컴퓨터 비전 기술의 성능이 더 좋아지면서 사람의 행동 분석까지도 할 수 있습니다.
- **딥러닝(deep learning)**: 머신 러닝(machine learning, 기계 학습)의 한 분야로 심층 학습이라고도 합니다. 사람의 사고방식으로 데이터를 처리하도록 컴퓨터를 가르치는 AI 방식을 말합니다. 그림, 텍스트, 소리 등 데이터의 복잡한 패턴을 인식하여 인사이트와 예측을 정확히 할 수 있습니다.
- **센서 퓨전(sensor fusion)**: 신뢰성과 강인성을 향상하기 위해 여러 센서의 데이터를 병합·융합하여 주변 환경의 정보를 정확하게 생성해 내는 기술입니다. 자율 주행 자동차나 드론의 핵심 기술로 사용합니다.

❷ 롯데정보통신의 결제 방식 ─ 비전 & 픽

저스트 워크아웃 테크놀로지와 비슷한 기술은 국내에도 구축되어 있습니다. 서울 가산동의 롯데정보통신 본사 사옥 내 편의점에서는 AI 직원이 고객을 응대하고, 손님이 물건을 들고 나오면 자동 결제가 이루어지는 '비전 & 픽(Vision & Pick)' 기술을 구현했습니다. 롯데정보통신은 이 기술을 통해 리테일테크(RetailTech) 게임 체인저로 거듭나겠다고 밝혔습니다.

❸ 신세계아이엔씨의 결제 방식 ─ 완전 스마트 매장

신세계아이엔씨는 서울 코엑스의 이마트24 편의점에 '한국형 아마존 고'를 도입했습니다. 아마존 고와 같이 스마트폰 앱의 QR코드로 매장에 들어가고 체크인 부스를 지나면 결제되는 방식입니다. 이곳에서는 매장 중앙에 설치된 AI 음성 챗봇이 매장 직원 역할을 대신하여 상품 위치 등을 화면과 음성으로 알려 주는 등 정보를 제공한다는 특징이 있습니다.

무인 매장의 결제 방식 개발과 관련된 3가지 직무 분야

여러분이 아마존 고와 같은 무인 매장 결제 방식 개발 프로 젝트에 참여한다면 직무는 04-3절과 마찬가지로 페이 솔루 션, 모바일 앱, 서버 개발이라는 세 분야로 나누어 볼 수 있 습니다. 앞에서도 설명했듯이 프런트엔드와 백엔드 개발 관 련 분야는 거의 대부분의 사업에 포함되어 있으므로 취업 문이 훨씬 넓습니다.

▶ 프런트엔드, 백엔드 관련 교육과정은 03-1절을 참고하세요.

배운 것을 정리해 볼까요?

- 무인 결제 방식 매장에서 활용하는 기술은 컴퓨터 비전, 딥러닝, 센서 퓨전 등이 있습니다.

04-5

간단한 진료는
집에서도 받을 수 있다!

ICT 신기술 ④
원격 의료, 의료 영상 판독 기술

의약 분업이 이루어지기 전인 1999년까지만 하더라도 감기약처럼 간단한 처방은 약사가 간단히 문진만 해도 약국에서 약을 조제할 수 있었습니다. 그러나 2000년부터는 의사의 진찰을 받은 뒤 약국에 처방전을 내야 약을 조제하는 시스템으로 바뀌었죠. 그렇다면 예전 감기약처럼 상대적으로 간단한 처방은 병원에 가지 않고 전화나 화상으로 문진할 수 있지 않을까요?

이번 절에서는 병원에 가지 않고 진료를 받을 수 있는 원격 의료와 딥러닝에 기반한 영상 판독에서는 어떤 기술을 사용하는지 알아보겠습니다.

원격 의료 & 의료 영상 판독 기술

코로나19 팬데믹과 함께 그동안 논의되어 왔던 원격 진료가 수면 위로 떠오르고 재택근무 등이 실시되면서 전화 또는 화상 등의 비대면 진료가 사회 이슈가 되었습니다. 또한 의료 영상 판독 기술은 의료진이 환자의 질환을 빠르고 정확하게 판단해서 진단을 내릴 수 있도록 보조하는 역할을 합니다. 여기에는 어떤 기술을 사용하는지 알아보겠습니다.

❶ 원격 의료에 적용한 기술

2019년 말, 전 세계로 확산된 코로나19 바이러스로 온라인 교육, 재택근무뿐만 아니라 의료 부문에서도 환자를 직접 대면하지 않고 음성이나 화상으로 하는 비대면 진료 시스템이 확산되었습니다. 이를 원격 의료(telemedicine 또는 telehealth)라고 하는데, 환자는 병원에 가지 않고도 스마트폰이나 PC 등을 이용해 원격으로 진료를 받을 수 있는 기술입니다.

원격 의료는 미국의 일부 주(state)와 일본, 중국의 도서 산간 지역에 한해서 이미 시행해 왔던 기술입니다. 의료비가 매우 비싼 미국은 1990년대부터 원격 의료를 적용하여 현재 상당히 정착되어 있으며, 24시간 화상 통화나 전화, 인터넷, 채팅 등으로 등록 의사와 10분 이내로 진료를 받을 수 있도록 시스템이 구축되어 있기도 합니다. 또한 일본과 중국에서도 2015~2016년에 원격 의료의 활용 범위를 확대해서 시행해 오고 있습니다.

그동안 원격 의료에 보수적인 입장을 취해 왔던 우리나라에서도 코로나19 팬데믹으로 코로나19 확진 판정을 받고 집에서 스스로 치료하는 환자들에게 전화 상담 및 처방을 받을 수 있도록 하는 원격 의료를 한시적으로 도입했습니다. 그러나 이는 진료 형태가 단순 문진이라는 점에서 좀 더 보완할 부분이 많아 관련 단체, 협회, 학회 등에서 각종 방안을 모색하고 있습니다.

2021년 5월, 한국과학기술한림원과 대한민국의학한림원은 '원격의료: 현재와 미래'라는 주제로 관련 기술 온라인 토론회를 진행했습니다. 전화 상담과 처방만으로는 원격 의료를 심도 있게 진행할 수 없기에 혈압, 심박 수, 호흡수, 체온, 활동량, 스트레스 등 환자의 생체 신호까지도 의사에게 전달할 수 있는 기술이 필요하다는 것입니다. 또한 해외에서는 스마트 워치를 심방세동의 스크리닝 검사로도 활용하고 있으며, 우리나라도 이러한 기술을 폭넓게 이용해서 원격 의료를 심도 있게 실시해야 한다는 것으로 요약할 수 있습니다.

그림 4-10 원격 의료와 관련한 온라인 토론회 포스터

이러한 원격 의료 분야는 반려동물에게도 확산, 도입해야 한다는 의견이 거론되고 있습니다. KB경영연구소에 따르면, 국내 반려동물 보호자 가운데 절반은 반려동물의 원격 진료가 필요하다고 생각하는 것으로 나타났습니다. 그래서 정부와 의료계는 2023년 6월부터 반려동물의 비대면 진료 시범 사업을 진행하겠다고 밝혔습니다. 해외 일부 국가와 일부 주에서는 반려동물의 원격 의료를 이미 허용, 시행하고 있기도 합니다.

❷ 딥러닝에 기반한 의료 영상 판독 기술
앞에서 설명한 원격 의료뿐만 아니라 병원에서도 의사 대신 로봇을 대하는 날도 올 수 있을 것입니다. 대표적인 예로 딥러닝(deep learning)에 기반한 엑스레이, CT, MRI 등의 의료 영상 판독 기술을 들 수 있습니다. 딥러닝 모형은

환자의 영상과 대조군인 정상인의 영상을 무수히 학습합니다. 그것을 기반으로 특정 환자의 영상이 입력되면, 이 환자는 "XXX 질환입니다"라는 결과를 내놓는 것입니다.

실제로 이 기술 가운데 일부는 2021년 군 병원 및 의무 부대 36개소에 적용했습니다. 군대에서 발생 위험률이 높은 흉부, 척추, 사지 골절, 무릎 관련 6대 질환을 빠르게 진단하기 위한 목적이었습니다. 또한 2023년 7월 국립경찰병원에서는 AI에 기반한 기술을 도입해 폐 결절, 폐 경화, 기흉 등 폐 질환 10가지를 판독해 의료진을 보조하고 있습니다.

그림 4-11 흉부 엑스레이 AI 영상 분석 솔루션을 시연한 화면

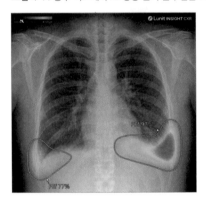

딥러닝에 기반한 의료 영상 판독 기술 등은 일부 민간 병의원에서도 활용되고 있습니다. 2022년 6월, 미국 사우스캐롤라이나 의과대학 요셉(U. Joseph Schoepf) 교수가 미국 〈영상의학회지(American Journal of Roentgenology)〉에 발표한 논문에 따르면, AI 기술을 보조 장비로 활용한 영상 의학과 전문의의 판독 시간이 그렇지 않은 경우보다 평균 22.1% 빨라진 것으로 분석되었습니다. 이는 하루 평균 판독 시간에 대입하면 1시간쯤 절약할 수 있는 수치로 긍정적인 결과를 보였습니다.

그러나 AI 기술은 아직 100% 신뢰할 수 없는 상황입니다. 인간의 생명을 다루는 의학 분야는 0.01%의 오차도 허용할 수 없기 때문입니다. 만약에 환자군을 정상군으로 예측했다면 해당 질환의 미진단, 미발견으로 반대의 경우보다 훨씬 더 큰 문제가 생길 수 있습니다. 아직까지는 의학적 판단을 AI 기술에만 온전히 맡길 수는 없을 것입니다.

원격 의료 & 의료 영상 판독 기술 관련 직무 분야

여러분이 ICT를 기반으로 한 의료 기술 개발 프로젝트에 참여한다면 크게 두 분야로 나눌 수 있습니다. 하나는 원격 의료 솔루션 기술 직무이며, 다른 하나는 딥러닝에 기반한 엑스레이, CT, MRI 등의 의료 영상 판독 기술 직무입니다.

❶ 원격 의료 기술 관련 직무

원격 의료 기술은 세 분야로 나눌 수 있습니다. 의사와 환자가 활용하는 앱 개발, 관련 데이터와 연결하는 서버 개발, 모바일 또는 웨어러블 디바이스를 통한 생체 정보 취득 및 분석 솔루션 개발입니다.

앱 개발과 서버 개발은 04-2절, 3절, 4절에서 설명한 프런트엔드와 백엔드의 개발 분야와 같은 범주로 볼 수 있습니다. 그리고 웨어러블 디바이스를 통한 생체 정보 취득 및 분석 솔루션 개발은 해당 센서를 개발하는 하드웨어 개발 기술과 해당 센서로부터 얻은 데이터를 수집·분석하는 기술로 나눌 수 있습니다.

표 4-4 데이터 분석 개발자의 직무 범위에 따라 요구되는 기술

직무 범위	웨어러블 디바이스를 통한 생체 정보 취득 및 분석 솔루션 개발
필요 기술	파이썬　　DBMS　　MATLAB®　　R　　SPSS　　등 파이썬　　DBMS　　매트랩　　R　　SPSS

2023년 7월 31일 기준, 취업 정보 플랫폼 사람인에서 '데이터 분석'으로 검색한 결과, 이와 관련한 채용 공고 수는 8,299건이었고 그중에 신입/경력 무관은 3,389건(40.8%)이었습니다. 데이터 분석 개발자의 모집 공고에서는 파이썬과 DBMS를 기본으로 하고 매트랩(MATLAB), R, SPSS 등의 기술 능력을 추가로 요구하고 있습니다. 이 직무 범위는 기본적으로 수학·통계 지식과 함께 전통적인 분석 방법론과 인공지능 기술을 기반으로 예측까지 포함하는 것으로 볼 수 있습니다.

개발자 1분 상식

DBMS

DBMS(database management system)란 데이터를 만들고 저장하고 관리하는 기술로, 우리말로 데이터베이스 관리 시스템입니다. DBMS는 다수의 사용자들이 데이터베이스의 데이터에 접근할 수 있도록 해주는 소프트웨어 도구의 집합으로, 사용자 또는 다른 프로그램의 요구를 처리하고 적절히 응답하여 데이터를 사용할 수 있도록 해줍니다. DBMS는 데이터의 형식과 구조, 제약 조건을 분명히 하고 구축, 조작, 공유, 보호, 유지보수 기능을 합니다.

DBMS는 자료와의 관계성을 정의하므로 자료의 통합성을 증진하고 데이터의 접근성이 용이하며, 데이터 통제와 보완을 강화할 수 있다는 장점 있습니다. 또한 앱을 쉽게 개발, 관리할 수 있습니다.

❷ 의료 영상 판독 기술 관련 직무

의료 영상 판독 기술은 전적으로 영상 처리 관련 직무에 해당합니다. 이 기술은 개발보다 연구에 가깝고, 질환의 예측 정확도를 높이는 것을 주요 목적으로 합니다.

표 4-5 의료 분야 개발자의 직무 범위에 따라 요구되는 기술

직무 범위	의료 영상 처리	질환 예측
필요 기술	C C++ C# Java 자바 등	파이썬 인공지능 기술 등

2023년 7월 31일 기준, 취업 정보 플랫폼 사람인에서 '의료 영상 처리'로 검색한 결과, 이와 관련한 채용 공고 수는 1,220건이었고 그중에서 신입/경력 무관은 624건(51.1%)이었습니다. 의료 영상 처리 직무에서는 C, C++, C#, 자바 등의 기본 프로그래밍 언어를, 질환을 예측하는 직무에서는 파이썬 등과 인공지능 기술을 추가로 요구하고 있습니다.

배운 것을 정리해 볼까요?

- 원격 의료 기술은 의사와 환자 간에 통신을 이용해서 환자의 상태를 판단할 수 있는 인공지능의 융합 기술입니다.
- 의료 분야에서 컴퓨터 비전과 딥러닝 기술은 영상 필름을 빠르게 판독하여 진단하는 도구로 활용되고 있습니다.

04-6

ICT 신기술 ⑤
MR, XR, SR 기술

여기가 지구인가, 우주인가?
가상현실의 모든 것!

가상현실이라고 하면 AR, VR, MR, XR, SR 등 다양한 종류가 있습니다. 이
단어를 보면 공통적인 것이 있죠. 바로 R입니다. R은 'reality'의 앞 글자를 따
온 것인데요. 모두 다 '현실(reality)'을 어떻게 표현할 것인가와 관련되어 있
습니다.

한글로 직역하자면 증강현실, 가상현실, 혼합현실, 확장현실, 대체현실이라
할 수 있겠네요. 각 용어의 정의와 사례를 하나씩 살펴보고, 개발자로서 직무
분야와 취업할 수 있는 관련 대표 기업을 살펴보겠습니다.

AR, VR, MR, XR, SR이란?

❶ 증강현실(AR)

AR(augmented reality)은 우리말로 증강현실이라고 하며, 현실 세계에 가
상의 정보를 합성하여 보여 주는 것을 의미합니다. 스마트폰 시대의 초·중기
에 AR을 활용한 앱이 유행했습니다. 특정 거리나 건물 등을 카메라로 비추면

GPS와 각종 센서로 위치를 파악하여 관련 정보를 해당 영상 위에 글자, 마커 등의 형식으로 제공하는 앱입니다. 또한 카메라를 이용해 주변을 비추면 특정 위치에 캐릭터가 나타나 사용자가 해당 캐릭터를 획득하는 '포켓몬고'라는 게임 앱도 있었습니다.

그림 4-12 AR을 활용한 앱

GPS와 각종 센서로 위치 파악 후 정보를 제공하는 앱   '포켓몬고' 게임 앱

2020년 10월에는 구글 지도 앱이 AR에 기반한 지도 서비스인 '라이브 뷰(live vew)' 기능을 추가했습니다. 이 기술은 스마트폰 카메라로 촬영하는 실제 거리나 건물, 진행 방향 등의 정보를 지도와 융합하는 것입니다. 실제로 스트릿 뷰(street view) 기술이 방문할 곳의 모습을 지도에서 미리 익히는 데 도움을 주었다면, 라이브 뷰는 낯선 곳에서 세부 위치를 파악하는 데 매우 유용한 기술입니다. 예를 들어 여행지에서 현금이 필요해서 ATM을 찾아야 할 때 라이브 뷰를 켜면 방향, 높이 등 정확한 위치를 얻을 수 있습니다.

애플은 2023년 6월, '2023 세계 개발자 회의'에서 그동안 소문이 자자했던 애플 비전 프로(Apple Vision Pro)라는 AR 기기를 선보였고, 현재 출시되어 뜨거운 관심을 받고 있습니다.

그림 4-13 AR 기기인 애플 비전 프로를 착용한 모습

❷ 가상현실(VR)

VR(virtual reality)은 우리말로 가상현실이라고 하며, 우리가 살고 있는 물리적인 공간이 아니라 컴퓨터로 구현한 가상의 환경으로 구성됩니다. VR은 기본적으로 디스플레이, 웨어러블 안경 등을 이용해 실제 우주 등의 새로운 환경에 있는 듯한 느낌을 받게 합니다.

❸ 혼합현실(MR)

MR(mixed reality)은 우리말로 혼합현실이라고 하며, AR과 VR의 장점을 합친 기술입니다. VR과 같이 웨어러블 장치를 착용하고 현실세계와 가상의 정보를 혼합합니다. MR 기술은 교육, 의료, 헬스케어 분야에서 많이 활용하고 있습니다.

실제로 미국 코넬 대학교에서는 마이크로소프트(MS)의 MR 기술인 홀로 렌즈를 활용해 암 연구에 활용하고 있습니다. 기존에는 제한된 영상으로만 볼 수 있었던 암 분자나 세포 분화 모습을 실제 눈앞에서 크기와 부분을 자유자재로 지정해서 볼 수 있어 연구 진행에 큰 도움을 주는 것으로 알려졌습니다.

그림 4-14 MS의 홀로 렌즈를 활용해 암 연구를 하는 모습

❹ 확장현실(XR)

XR(extended reality)은 우리말로 확장현실이라고 하며, 컴퓨터 기술로 현실
과 가상 세계를 결합하고 인간과 기계가 상호작용하는 기술입니다. 이는 현실
공간에 배치된 가상의 물체를 손으로 만질 수 있다는 점에서 MR에 비해 확장
된 기술이라 할 수 있습니다. 그래서 XR은 위험한 상황 또는 비용이 많이 드는
교육 훈련 등에 유용하다는 장점도 있습니다.

제조업 분야에서는 현장 작업자의 업무 효율 향상과 안전을 위해 재난, 설비,
고장 등의 현장 상황에 대응하는 훈련을 가상에서 제공합니다. 교육 분야에서
는 지질 답사, 과학 실험실 등의 가상현실에 XR을 활용합니다.

❺ 대체현실(SR)

SR(substitutional reality)은 우리말로 대체현실이라고 하며, VR에서 연장한
기술로 현재와 과거의 영상을 혼합하여 실존하지 않는 인물이나 사건 등을 새
롭게 구현합니다. 이 기술은 뇌과학과 관련이 있습니다. 체험자가 기록된 과

거 장면을 실제처럼 미리 착각하게 만들어 뇌를 자극하고 현실인지 비현실인
지 알 수 없도록 합니다.

지금까지 설명한 AR, VR, MR, XR, SR의 특징과 관련된 대표 기업을 정리해
보았습니다.

표 1-6 AR, VR, MR, XR, SR의 특징과 관련된 대표 기업

구분	특징	관련 기업
AR (증강현실)	• 현실 공간 위에 가상의 오브젝트를 제공 • 주로 게임에 적용	애플, 앱손, 삼성전자, 페이스북
VR (가상현실)	• 가장 보편화된 형태 • 현실과 완전히 분리된 가상 공간을 구축해 콘텐츠를 경험	바이두, 삼성전자, 알리바바, 구글, 오큘러스
MR (혼합현실)	• VR 장점인 몰입도와 AR의 현실감을 결합한 형태 • 교육, 의료, 헬스케어 분야에서 활용	MS, 구글, 삼성전자, 인텔
XR (확장현실)	• MR에서 확장된 현실과 가상을 결합한 형태 • 제조업, 교육 등의 분야에서 활용	버넥트, 일주지앤에스, 가우스 랩, 피앤씨솔루션
SR (대체현실)	• 현재와 과거의 영상을 혼합하여 실존하지 않는 인물이나 사건을 구성 • 범죄 수사, 교육, 치료 분야에서 활용	에덴루프

가상현실과 관련된 2가지 개발 직무 분야

여러분이 가상현실에 기반한 프로젝트에 참여한다면, 이 역
시 가상현실과 관련된 앱 개발과 서버 개발로 나눌 수 있습
니다. 그런데 가상현실과 관련된 앱 개발에서는 프로그래
밍 언어인 C#, C++ 외에 게임을 개발할 때 사용하는 유니티

저는 어떤 일을 할
수 있을까요?

(Unity)와 언리얼 엔진(UNREAL ENGINE)을 요구합니다. 유니티는 C#과 C++를, 언리얼 엔진은 C++를 기반으로 시각적 프로그래밍하는 것을 주 목적으로 합니다.

표 4-7 가상현실과 관련된 개발 직무에 필요한 기술

프로그래밍 언어	게임 엔진
C++ C#	unity UNREAL ENGINE 유니티 언리얼 엔진

2023년 7월 31일 기준, 취업 정보 플랫폼 사람인에서 '가상현실'로 검색한 결과, 이와 관련한 채용 공고 수는 595건이었고 그중에 신입/경력 무관은 253건(42.5%)이었습니다. 이는 대부분 가상현실과 관련된 앱 개발자 모집 공고이므로, 서버 개발과 관련해서는 04장의 2~5절 내용을 참고하세요.

배운 것을 정리해 볼까요?

- AR은 현실 세계에서 텍스트나 이미지 등을 가미한 형태입니다.
- VR, MR, XR, SR 기술은 웨어러블 등의 외부 장치로 가상 세계에 접하는 형태입니다.
- AR, VR, MR, XR, SR 기술은 각각 상황과 용도에 맞게 의료, 교육, 실습, 놀이 등의 분야에서 활용되고 있습니다.

04-7

블록체인,
비트코인이랑 같은 말인가요?

> ICT 신기술 ⑥
> 블록체인 기술

우리는 특정 웹 사이트의 개인 정보 유출과 관련된 뉴스를 종종 접할 수 있습니다. 스팸 문자 또는 광고 전화 정도라면 다행이지만, 만약 금전과 관련되었다면 훨씬 더 큰일이 될 것입니다. 예를 들어 해커가 특정 은행의 모든 계좌에 접근하여 내역을 모두 복구할 수 없도록 초기화했다면 사회적으로 매우 심각한 일이죠. 여기에서 블록체인의 콘셉트가 시작됩니다. 은행과 같이 한군데에서 정보를 가지고 있는 것이 아니라 "모든 고객이 모든 사람들의 정보를 다 가지고 있어 보안을 강화시킬 수 있다"는 것입니다. 이번 절에서는 블록체인과 이 기술을 기반으로 한 비트코인을 알아보겠습니다.

블록체인이란?

블록체인(Block Chain)은 비즈니스 네트워크에서 정보를 투명하게 공유할 수 있도록 하는 고급 데이터베이스 메커니즘으로, 기존의 중앙 집중형 방식과 대비되는 기술입니다. 기존에는 데이터베이스를 관리·중개하는 기관이 중앙에 있었지만, 블록체인은 데이터가 분산되어 있어 모든 참여자가 관련 데이터를 공동으로 보관·관리할 수 있습니다.

표 4-8 블록체인 기술의 장단점

장점	• 기존 거래 방식처럼 중앙에서 모든 정보를 관리하는 것이 아니라 네트워크 참여자 전체에게 정보가 분산되므로 정보 해킹 리스크가 감소하고 안정성이 있습니다. • 중앙 서버가 필요 없어 비용을 줄일 수 있습니다.
단점	• 네트워크 참여자 전체가 모든 정보를 보관해야 하므로 기존 중앙 집중형 방식에 비해 리소스를 낭비합니다. • 대량의 데이터를 아직 처리할 수 없다는 한계가 있습니다.

예를 들어 은행에 돈을 저축하면 계좌 잔고와 입출금 기록 등의 정보는 은행 서버에 저장됩니다. 다음 왼쪽 그림과 같이 기존 거래 방식에서는 은행 서버가 중개 기관이 됩니다. 그러나 오른쪽 블록체인 방식을 보면 중개 기관이 없고 네트워크에 존재하는 모든 단말에서 정보를 공유하는데 이를 '탈중앙화'라고 합니다.

▶ 블록체인을 더 자세히 알고 싶다면 AWS Blockchain 웹 사이트를, 책으로는 《블록체인 무엇인가》(다니엘 드레셔 지음, 이지스퍼블리싱)를 참고해 보세요.

그림 4-15 기존 거래 방식(중앙 집중형)과 블록체인 방식(분산형)의 개념도 비교

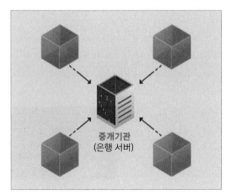

기존 거래 방식(중앙 집중형)

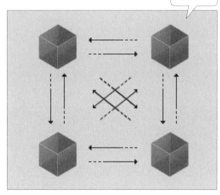

블록체인 방식(분산형)

이러한 블록체인 시장은 생활 및 비즈니스에서 보안을 더 강화할 필요성이 있는 분야에 파고들어 연평균 63%씩 증가하여(CAGR) 2030년에는 무려 690억 달러(한화 95조 원)에 달할 것으로 보고 있습니다.

▶ CAGR(compound annual growth rate)이란 특정 기간 동안의 연평균 성장률을 나타내는 지표로, 투자 또는 비즈니스 성과를 평가하는 데 유용합니다. 매년 성장률을 단순 평균으로 계산하지 않고 '첫해부터 매년 일정한 성장률을 유지한다고 했을 때의 성장률'을 의미하며, 수학에서 기하 평균의 원리를 이용합니다.

우리나라에서 블록체인 기술을 활용한 대표적인 예로 2022년 6월부터 시행한 모바일 운전면허증 서비스가 있습니다. 그 결과 각종 증명서의 위조, 변조, 도용 등의 위험성이 크게 줄어들었죠. 행전안전부는 앞으로 장애인 등록증, 국가유공자증 등 다양한 신분 증명서 서비스에도 블록체인 기술을 확대 적용할 예정이라고 합니다.

그림 4-16 블록체인 기술을 적용한 모바일 운전면허증

비트코인이란?

비트코인(Bitcoin, BTC)은 앞서 설명한 블록체인 기술을 활용해 만든 가상 화폐입니다. 비트코인은 2009년 사토시 나카모토(中本哲史)라는 익명의 프로그래머가 만든 오픈 소스 소프트웨어로 처음 도입되었다고 알려져 있습니다. 이 화폐는 기존의 중앙 집중형 방식이 아니라 블록체인 방식으로 거래됩니다. 비트코인은 블록체인과 비슷한 특징 4가지가 있습니다.

그림 4-17 비트코인 로고

첫째, 비트코인을 창시할 당시 네트워크가 정부나 민간 기관으로부터 간섭받지 않고 독립성을 갖춰야 한다는 것에 역점을 둔 탈중앙화라는 점입니다.

둘째, 기존의 중앙 집중형 방식의 금융 기관은 신용 내역, 주소, 전화번호 등의 개인 정보뿐만 아니라 온라인 쇼핑 기록, 소비 습관 등의 마이데이터까지도 파악할 수 있습니다. 그러나 비트코인은 누가 무엇을 하는지 모르도록 처리한다는 익명성이 있습니다.

▶ 마이데이터(MyDate)란 정보 주체인 개인이 자신의 데이터를 다른 곳에 공유하여 새로운 개인 맞춤형 서비스를 받을 수 있게 해주는 것을 말합니다. 은행, 보험, 통신사 등과 관련된 기업에서 클라우드를 기반으로 마이데이터 사업이 확대되고 있습니다.

셋째, 기존의 금융 기관은 운영 시간이나 정비 시간 등이 정해져 있지만 비트코인 네트워크는 항시 동작하고 있으며, 실시간으로 이루어진다는 신속성이 특징입니다.

넷째, 비트코인을 전송한 후 수신자가 반환하지 않는 한 취소할 수 없습니다.

비트코인은 현물로 존재하지 않아 단순히 가상의 것이라고 생각할 수 있습니다. 우리나라에서 비트코인의 활용 사례는 아직 보이지 않지만, 2021년 미국의 전기차 회사인 테슬라와 스타벅스에서는 비트코인으로 결제할 수 있습니다.

블록체인, 비트코인 관련 서비스 개발 직무 분야

저는 어떤 일을 할 수 있을까요?

여러분이 블록체인이나 비트코인 관련 프로젝트에 참여한다면, 코인 그 자체를 구성하는 것보다 관련 서비스 개발 직무를 담당할 것입니다. 코인 자동 매매 소프트웨어 등을 만드는 개발 직무를 예로 들 수 있습니다.

2023년 7월 31일 기준, 취업 정보 플랫폼 사람인에서 '블록체인'으로 검색한 결과, 이와 관련한 채용 공고 수는 909건이었고 그중에 신입/경력 무관은 240건(26.4%)이었습니다. 이 채용 공고는 블록체인 관련 개발자뿐만 아니라 사업 개발, 기획 등의 분야까지도 포함되어 있습니다. 그리고 블록체인과 관련된 개발자는 데이터베이스 활용을 기본으로 하는 모바일 앱 또는 웹을 기반으로 한 직무 분야에서 일할 수도 있습니다.

배운 것을 정리해 볼까요?

- 블록체인 기술의 가장 큰 장점은 중앙 집중형이 아닌 분산형 방식이어서 보안에 강하다는 것입니다.
- 블록체인 기술의 단점은 중앙 집중형에 비해 데이터의 양이 크게 증가한다는 것입니다.
- 비트코인은 블록체인 기술을 기반으로 한 가상 화폐입니다.

04-8

ICT 신기술 ⑦
디지털 트윈 기술

이것은 디지털 트윈인가,
메타버스인가?

디지털 트윈(digital twin)은 현실 세계에 존재하는 사물·시스템·환경 등을 SW 시스템 가상공간에 동일하게 표현하고, 실물 객체와 시스템의 특성 및 결과까지도 시뮬레이션할 수 있도록 하는 기술입니다.

디지털 트윈은 2002년에 미국 마이클 그리브스(Michael Grieves)가 글로벌 공급망 전반의 제품 또는 서비스 수명 주기의 모든 단계에서 정보와 프로세스를 관리하는 PLM(product lifecycle management)을 설명하면서 등장한 개념입니다. 이 개념을 미국항공우주국(National Aeronautics and Space Administration, NASA)의 존 바이커스(John Vickers)가 디지털 트윈으로 명명했고, 2010년 NASA가 우주 탐사 기술 개발 로드맵에 반영하면서 사용하기 시작했습니다.

메타버스와 디지털 트윈의 차이점

메타버스(metaverse)가 현실과 다른 가상현실을 구현하는 것이라면, 디지털 트윈은 말 그대로 현실과 똑같은 쌍둥이를 구현한다고 생각하면 이해하기 쉽습니다. 실제로 메타버스에서는 3차원 가상세계에 자신을 대변할 아바타를 만들어 다양한 경험을 하지만, 디지털 트윈은 현실과 완전 동일한 가상의 환경을 만들므로 메타버스보다 더 현실적이라고 볼 수 있습니다.

디지털 트윈 활용 사례

디지털 트윈은 제조업, 도시, 환경 분야에서 많이 활용합니다. 독일 최대의 전자·전기 기업인 지멘스(SIEMENS)는 EWA(Electronics Works Amberg) 공장에서 디지털 트윈을 활용해 스마트 팩토리의 잠재력을 보여 주었습니다. 즉, 기존에 생산 사이클이 11초 소요되었던 것을 디지털 트윈으로 실제 생산에 불필요한 모듈을 발견한 후 개선하여 8초로 줄이는 데 성공했습니다. 그 결과 지멘스의 EWA 공장은 8배의 생산성 증대 효과를 얻었습니다. 다음은 디지털 트윈을 잘 활용한 대표적인 기업 사례입니다.

표 4-9 세계 여러 나라의 디지털 트윈 활용 사례

국명	기업	설명	효과
독일	지멘스 (SIEMENS)	시마틱(SIMATIC) 부품 생산에 디지털 트윈 도입	• 부품 생산 공정 시간을 11초 → 8초로 단축 • 생산성 8배 증가
	BMW	맞춤형 차량 생산 공정을 최적화하기 위해 디지털 트윈 도입	• 생산 계획 시간 단축 • 효율성 30% 개선
스위스	루글리 AG (Ruggli AG)	부품 프로그래밍 과정에 디지털 트윈 도입	• 개발 시간 20% 절감 • 의사소통 간결화
스페인	모두마크 (Modumaq)	물품 분류 시스템 자동화 사전 테스트 과정에 디지털 트윈 활용	• 물류 처리량 3배 증가 • 3년 만에 투자 비용 회수
이탈리아	마세라티 (Maserati)	신규 모델 설계 및 생산 공정을 최적화하기 위해 디지털 트윈 도입	• 신규 모델의 대규모 맞춤 생산 진행 • 차량 개발 시간 30% 이상 절감

또한 도시 전체를 디지털 트윈으로 구현해 국가 비상 사태에 대응하거나 도시 계획을 할 때 테스트 플랫폼으로 사용할 수도 있습니다. 디지털 트윈 기술로 도시 계획 프로젝트를 구현한 싱가포르를 살펴보겠습니다.

싱가포르의 면적은 우리나라 서울보다 조금 더 큰 수준이지만 인구 밀도는 세계 3위를 기록할 정도로 교통, 환경 등 도시 문제가 지속적으로 생길 수밖에 없는 여건입니다. 그래서 싱가포르는 2014년에 스마트 네이션(Smart Nation) 프로젝트를 선포하여 지속 발전 가능한 스마트 국가로 만들겠다는 계획을 세웠습니다. 실제로 도시 전체를 그대로 복제해 3D 가상현실로 구현해 놓은 버추얼 싱가포르를 완성했습니다.

그림 4-18 디지털 트윈을 적용한 버추얼 싱가포르와 실제 모습

버추얼 싱가포르에는 도로, 빌딩, 아파트, 테마파크 등 주요 시설을 비롯해 가로수, 육교, 공원의 벤치까지도 상세하게 포함되어 있습니다. 도시 전체를 그대로 옮겨 놓은 것과 같아서 스마트 국가 건설을 위한 가상 플랫폼으로 활용되고 있습니다.

디지털 트윈 시장의 규모

스타티스타(Statista)에서는 디지털 트윈의 2020년 대비 2025년 세계 시장 규모를 다음과 같이 제시했습니다. 제조업 부문에서 디지털 트윈을 활용했을 때의 장점이 두드러집니다. 제조업뿐만 아니라 모든 분야의 설계, 생산, 구축, 관리의 프로세스에서 디지털 트윈을 다양하게 활용하는 근본적인 변화를 앞두고 있습니다.

그림 4-19 디지털 트윈의 산업별 예상 시장 규모(2020년 대비 2025년)

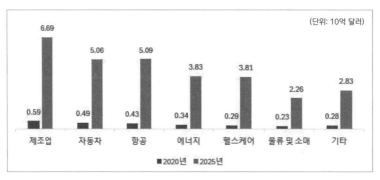

최근 스마트 팩토리는 제조 과정에서 다양하고 방대한 데이터가 수집되고 있고, 이를 인공지능에 기반한 솔루션을 통해 분석하여 제조 공정에 반영하고 있습니다. 디지털 트윈을 활용하여 이를 시뮬레이션하면 부품 수급이나 공급

변동을 실시간으로 예측할 수 있습니다. 또한 전체 공정을 간소화하고 고장이나 장애로 발생하는 손실 등을 예측·예방할 수도 있습니다.

이러한 부분은 항공 우주 및 방위 부문에서도 활용할 수 있습니다. 장비의 결함 식별, 방어 장비의 예측 및 유지·보수, 모니터링 및 관리, 안전한 비행 계획 수립 등을 디지털 트윈으로 시뮬레이션할 수 있습니다.

디지털 트윈 관련 개발 직무 분야

디지털 트윈 분야도 AR, VR 등의 가상현실 분야와 비슷합니다. 다만 좀 더 세부적으로 구현한다는 점에서 차이가 있습니다.

만약 여러분이 디지털 트윈을 기반으로 하는 프로젝트에 참여한다면, 이 역시도 앱과 서버 개발로 나눌 수 있습니다.

그런데 앱 부분은 C, C#, C++ 외에 게임을 개발할 때 사용하는 유니티와 언리얼 엔진을 요구하고 있습니다. 유니티는 C#과 C++를, 언리얼 엔진은 C++를 기반으로 시각적 프로그래밍을 하는 것을 주 목적으로 합니다.

표 4-10 디지털 트윈과 관련된 개발 직무에 필요한 기술

프로그래밍 언어	게임 엔진
C　　C++　　C#	unity　　UNREAL ENGINE 유니티　　언리얼 엔진

2023년 7월 31일 기준, 취업 정보 플랫폼 사람인에서 '디지털 트윈'으로 검색한 결과, 이와 관련한 채용 공고 수는 252건이고 그중에 신입/경력 무관은 123건(48.8%)이었습니다. 이 채용 공고는 디지털 트윈 관련 개발자뿐만 아니라 사업 개발, 기획, 영업 등의 분야까지도 포함되어 있습니다.

배운 것을 정리해 볼까요?

- 디지털 트윈은 현실세계를 가상공간에 똑같이 구현해 놓는 기술입니다.
- 디지털 트윈은 메타버스에 비해 현실과 똑같이 더 세부적으로 자세하게 구현한다는 차이가 있습니다

04-9

ICT 신기술 ⑧
AI에 기반한 대화형 챗봇

신입 사원급
개발 실력을 갖춘 챗GPT를 활용해요!

챗GPT(ChatGPT)는 오픈AI(OpenAI)에서 개발한 딥러닝 프로그램으로, 'AI에 기반한 대화형 챗봇'입니다. 2018년 GPT1부터 시작하여 2020년에는 GPT3, 2023년 3월에는 GPT4가 출시되었습니다. 챗GPT는 공개한 지 5일 만에 100만 명이 이용했고, 2개월 만에 월 이용자 수가 1억 명에 이를 정도로 매우 인기 있는 서비스입니다. 이 수치는 틱톡과 인스타그램의 사용자 수가 1억 명까지 도달하는 데 각각 9개월, 28개월 걸린 것과 비교하면 매우 빠른 속도입니다.

문맥을 이해하는 챗GPT

챗GPT(Chat generative pre-trained transformer)는 현재 방대한 자료를 형식에 맞춰 잘 정리하여 보여 주며, 프롬프트를 입력하면 인간과 대화하는 것처럼 매

그림 4-20 챗GPT 로고

우 자연스럽게 언어를 사용합니다. 그러나 없는 자료를 있는 것처럼 보여 주거나 학습한 데이터에 따라 최신 정보는 대답하지 못할 때도 있습니다.

챗GPT의 가장 큰 특징은 '문맥 이해'라고 볼 수 있습니다. 기존의 챗봇이 단순히 일문일답에 그쳤다면, 챗GPT는 문장 내 단어들 간의 문맥과 관계를 이해하고 전체 흐름을 파악해서 인간과 비슷한 언어 사용 기술을 보입니다.

AI에 기반한 대화형 챗봇의 시장 및 활용 분야

AI에 기반한 대화형 챗봇 시장의 열기는 매우 뜨겁습니다. 이제는 검색 엔진 대신 '대화형 챗봇에게 물어보고 답변을 얻는다'고 할 정도입니다. 이와 관련해서 마이크로소프트에서는 빙(Bing), 구글에서는 제미니(Gemini)를 대화형 챗봇으로 등장시켜 경쟁하고 있습니다. 글로벌 시장 분석 업체인 마켓 리서치 퓨처(Market Research Future)는 대화형 챗봇 시장이 2022~2030년까지 연평균 22.6% 성장할 것으로 내다봤습니다.

표 4-11 AI에 기반한 대화형 챗봇의 세계 시장 규모 예측(2023년 기준)

구분	설명
2030년 시장 규모	325억 달러(한화 약 42조 2500억 원)
연평균 성장률	22.6%
주요 성장 동인	금융권 및 자동차업계 챗봇 도입
핵심 성장 요소	챗봇 형태, NLP 기술, 클라우드 배포, 대기업 도입, 마케팅 및 고객 지원 용도, 소매업종 분야
핵심 지역	북아메리카, 유럽
주요 기업	구글, MS, AWS, 오라클, IBM, 바이두, SAP, 메타, 크리에이티브 버추얼, 뉘앙스커뮤니케이션즈, 햅틱, 아티피셜 솔루션, 아바모, 컨버시카, 솔비, 파이프스트림

최근에는 교육 분야에서 AI에 기반한 대화형 챗봇 활용 사례가 늘고 있습니

다. 챗GPT가 대화의 문맥을 이해하는 만큼 작문할 때 문장 구조와 형식을 교정하는 등 피드백을 해주고, 특정 주제에 아이디어를 제공하며, 외국어 학습 등에도 활용되고 있습니다. 실제로 ICT 분야에서도 보고서나 논문을 영어로 작성하면서 단어의 뉘앙스를 파악하거나 프로그램 코딩에서 특정 기술 등을 물어볼 때에도 대화용 챗봇을 활용할 수 있습니다.

챗봇 솔루션, 웹에 기반한 개발 관련 직무 분야

여러분이 AI에 기반한 대화형 챗봇 관련 프로젝트에 참여한다면, 챗봇 그 자체의 솔루션 기술이나 웹 기반의 프런트엔드와 백엔드 서비스 개발 분야로 진출할 수 있습니다.

저는 어떤 일을 할 수 있을까요?

2023년 7월 31일 기준, 취업 정보 플랫폼 사람인에서 '챗봇'으로 검색한 결과, 이와 관련한 채용 공고 수는 159건이었고 그중에 신입/경력 무관은 65건(40.9%)이었습니다.

이 채용 공고에는 챗봇 관련 개발자뿐만 아니라 사업 개발, 기획 등의 분야까지도 포함되어 있습니다. 그리고 챗봇과 관련된 개발자는 솔루션을 비롯하여 전반적인 개발 분야에서 데이터베이스 활용을 기본으로 AI 활용 기술을 겸비해야 합니다. 기존의 단순한 질의응답 형태가 아니라 문맥을 이해하는 고도화된 대화형 챗봇이기 때문입니다.

배운 것을 정리해 볼까요?

- 챗GPT는 문맥을 이해하여 대화를 이어 나간다는 점에서 단순히 일문일답만 하는 기존의 챗봇과는 차이가 있습니다.
- 챗GPT와 같은 AI에 기반한 대화형 챗봇은 다양한 질문에 대답할 수 있을 뿐 아니라 신입 사원급 개발자 수준의 프로그램 코딩도 할 수 있습니다.

04-10

ICT 신기술 ⑨
DT 기술

현금에서 카드로,
아날로그에서 디지털 트랜스포메이션으로!

디지털 트랜스포메이션(digital transformation, 이하 줄여서 DT 또는 DX)이란 디지털 툴을 이용한 기술 도입 또는 잠재적으로 기존에 존재하던 문제점을 개선하거나 새로운 것으로 대체하는 문화적인 변화를 의미합니다. 다시 말하면, DT는 디지털 시대에 기업의 조직, 프로세스, 운영 관리 등 내·외부 모두를 인공지능, 빅데이터, IoT 등의 디지털 기술로 변화하는 것입니다.

디지털 트랜스포메이션의 장단점

DT는 몇 가지 장단점이 있습니다. 첫째, 데이터 수집, 분석을 하여 실행할 수 있고 수익 창출의 인사이트를 얻을 수 있습니다.

둘째, 디지털 프로세스는 사람이 관여하여 오류가 발생하기 쉬운 부분을 디지털화해서 인적 오류를 줄일 수 있습니다.

셋째, 복잡한 수작업 프로세스를 디지털화함으로써 시간을 절약하고 수익 낭비를 줄일 수 있습니다. 그러나 수집하고 분석할 데이터가 부족하거나 어떤 것을 어떻게 바꿔야 할지 확실하지 않다는 것은 단점이 될 수 있습니다.

디지털 트랜스포메이션의 시장 및 활용 분야

글로벌 시장 조사 업체인 모더 인텔리전스(Mordor Intelligence)에 따르면, 전 세계 DT의 시장 규모는 2020년 9,989억 달러에서 연평균 17.42% 성장하여 2026년 2조 7,447억 달러에 이를 것으로 전망했습니다. 코로나19 팬데믹으로 디지털 전환은 더욱 가속화했으며, 그 결과 전 세계 국내 총생산(gross domestic product, GDP)의 65%가 디지털화될 것으로 내다봤습니다. 또한 DT 전략을 이미 도입했거나 도입할 계획이 있는 기업이 89%에 이르는 것으로 조사되었습니다.

그림 4-21 2020~2026년 전 세계 DT 시장 규모의 변화와 전망(2022년 기준)

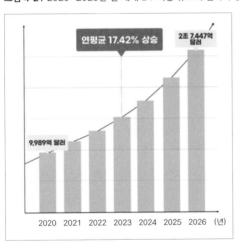

DT에 성공한 기업 사례 — 나이키, 도미노 피자, 모두싸인

DT는 단순 제조업뿐만 아니라 다양한 분야에서 적용할 수 있으며, 효과 또한 기대되고 있습니다. DT에 성공한 기업으로 나이키, 도미노 피자, 모두싸인을 예로 들 수 있습니다.

❶ ICT 기업을 인수해 디지털 전환을 한 '나이키'

나이키(Nike)는 고객의 데이터를 분석하는 조디악(Zodiac), 인공지능에 기반한 수요 예측 및 재고 관리 회사인 셀렉트(Celect), 데이터 통합 플랫폼 스타트업인 데이터 로그(Datalogue) 등 관련 ICT 기업을 인수해 디지털 전환을 해왔습니다. 그 결과 코로나19 팬데믹 상황에서 더 빛이 나기 시작했습니다. 2020년 4분기 전체 매출은 감소했으나 온라인 판매는 오히려 75% 급증했으며, 선체 매출 가운데 온라인 매출이 30%를 차지했습니다. 이 수치는 나이키가 목표로 한 시점보다 약 3년 앞당긴 것입니다.

❷ 모든 비즈니스 부분에서 DT를 도입한 '도미노 피자'

도미노 피자(Domino Pizza)는 2008년부터 DT를 시작했습니다. 피자 도우에 대한 혹평과 주문 방식의 불편함에 소비자들의 불만이 쏟아져 나오면서 도미노 피자는 피자 레시피에서부터 브랜드 전략까지 모든 비즈니스 부문에서 DT를 시도했습니다. 매장으로 직접 전화해서 주문하던 방법에서 벗어나 온라인 또는 모바일로 주문할 수 있는 애니웨어(AnyWare) 시스템을 도입해 18가지에 달하는 주문 방식을 개발하고 간편 결제 방식을 도입했습니다. 그 결과 2012년부터 2019년까지 매해 12%의 성장률을 기록했으며, 2009년 3~4달러 수준이었던 주가는 2021년 12월에 564달러까지 올랐습니다.

❸ 간편 전자 계약 서비스를 구현한 '모두싸인'

다음으로 간편 전자 계약 서비스로 19만 개소가 넘는 기업이 활용하는 '모두싸인'을 들 수 있습니다. 그동안에는 복잡하고 내용도 많은 계약서를 작성하고 검토, 서명하는 데까지 걸리는 시간이 길었습니다. 또한 보안과 법적 효력

문제도 민감한 사항이었습니다. 이러한 이슈를 해결하기 위해 모두싸인은 종이 없이 인터넷으로 간단하고 빠르게 전자 계약을 하는 서비스를 구현했습니다. 그 결과 기존의 서면 계약보다 95%의 비용 절감을 달성했고, 최대 10일 걸리던 비대면 계약의 82%를 1일 이내에 수행하는 효과를 거뒀습니다.

DT 솔루션과 웹에 기반한 개발 관련 직무 분야

여러분이 DT와 관련된 프로젝트에 참여한다면 이 분야도 크게 DT 솔루션과 프런트엔드, 백엔드 개발로 나눌 수 있습니다. DT 분야도 데이터 분석, 인공지능과 같은 데이터 과학에 포함됩니다. 그러므로 데이터 분석은 04-5절, 인공지능은 04-1절, 9절을 참고하세요. 프런트엔드는 모바일·PC·웹 등의 응용 프로그램 개발로, 백엔드는 서버 개발로 나눌 수 있습니다.

이 분야의 취업 공고나 필요 요건 분야는 04-2절에서 소개한 내용을 참고해 주세요.

배운 것을 정리해 볼까요?

- 이제 우리는 아날로그에서 디지털로 전환되는 디지털 트랜스포메이션 세상에 살고 있습니다.
- 디지털 트랜스포메이션은 줄여서 DT 또는 DX라고 합니다.

04-11

슈퍼앱이 있으면
다른 앱은 설치하지 않아도 돼요!

ICT 신기술 ⑩
슈퍼앱 기술

슈퍼앱(Superapps)이란 채팅, 금융, 쇼핑 등 일상생활에 필요한 다양한 서비스를 하나의 플랫폼에서 원스톱으로 처리하는 모바일 앱을 말합니다. 즉, 슈퍼앱은 다른 앱을 별도로 설치하지 않아도 다양한 서비스를 이용할 수 있는 단일화된 범용 앱입니다. 글로벌 시장 조사 기관인 가트너(Gartner)는 2023년 10대 전략 기술의 하나로 슈퍼앱을 선정했습니다.

슈퍼앱은 블랙베리 창업자인 마이크 라자리디스(Mike Lazaridis)가 2010년에 처음으로 정의했는데, 5가지 주요 요소로 Seamless(경계가 없는), Integration(통합), Efficient(효율적인), Contextualized(상황에 맞는), Daily Use(매일 사용)를 들었습니다. ▶ 블랙베리(BlackBerry)는 캐나다의 휴대전화 제조 회사입니다.

슈퍼앱의 시장 및 활용 분야

사용자는 슈퍼앱을 통해 다른 앱을 추가로 설치하거나 가입하지 않아도 다양한 서비스를 사용할 수 있고, 각 서비스와 연계된 포인트 등의 혜택을 제공받을 수 있습니다. 기업 입장에서도 슈퍼앱은 고객의 체류 시간을 확보할 수 있으며, 이로써 사용자의 데이터를 쌓고 연계된 서비스를 바탕으로 추가 수익을 창출할 가능성까지 이끌어 낼 수 있습니다. 확보한 데이터를 AI 등을 사용해 고객 서비스에 도입하거나 신규 비즈니스에 적용할 수도 있습니다.

아시아와 아프리카에서는 이미 많은 슈퍼앱이 보급되어 일반화되었으나, 미국이나 유럽 등 서구권에서는 이제 새로운 트렌드로 떠오르고 있습니다. 스마트폰 초창기에 아시아, 아프리카에서는 대부분 저가형으로 보급됨에 따라 성능에 제한이 있어 슈퍼앱이 활성화될 수 있는 계기가 되었습니다. 미국이나 유럽 등에서는 독과점 규제 우려로 슈퍼앱 태동이 늦어졌지만, 가트너는 2027년에는 전 세계 인구의 절반 이상이 슈퍼앱의 일일 사용자가 될 것이라고 예측했습니다.

국내 슈퍼앱 성공 사례 — 카카오톡, 네이버 앱

국내 성공한 슈퍼앱 사례로 카카오톡과 네이버 앱을 예로 들 수 있습니다.

❶ 우리나라를 대표하는 모바일 SNS, 카카오톡

우리나라를 대표하는 모바일 SNS는 카카오톡으로 이용자 수는 4,790만 명(2023년 1월 기준)에 이릅니다. 2010년 3월에 출시된 카카오톡은 모바일 메신저로 탄생했습니다. 그러나 13여 년이 지난 현재 모바일 뱅킹, 전자증명서, 쇼핑, 뉴스 등 다양한 기능을 카카오톡이라는 앱에서 해결할 수 있습니다.

그림 4-22 대표적인 국내 슈퍼앱 카카오톡, 네이버 앱

❷ 국내 대표 포털 사이트의 모바일 앱 버전, 네이버 앱

국내 대표 포털 사이트인 네이버의 모바일 앱 버전인 네이버 앱의 사용자는 4,291만 명(2023년 1월 기준)으로 카카오톡 다음으로 많습니다. 국내 검색 엔진 점유율이 55.5%(2023년 6월 기준)를 상회하는 부동의 1위로서 검색 기능, 쇼핑, 결제, 콘텐츠 등의 기능을 겸비하고 있습니다.

슈퍼앱 관련 개발 직무 분야

여러분이 슈퍼앱과 관련된 프로젝트에 참여한다면, 역시 프런트엔드와 백엔드 개발로 크게 나눌 수 있습니다. 프런트엔드는 모바일·PC·웹 등의 응용 프로그램 개발로, 그리고 백엔드는 서버 개발로 나눌 수 있습니다. 이 분야의 취업 공고나 필요 요건 분야는 04-2절의 내용을 참고해 주세요.

저는 어떤 일을 할 수 있을까요?

배운 것을 정리해 볼까요?

- 슈퍼앱은 다양한 서비스를 제공하는 모바일 앱입니다.
- 미니앱은 슈퍼앱 안에 속해 있으면서 설치 과정 없이 실행할 수 있습니다.
- 최근 모바일 앱은 슈퍼앱과 미니앱의 시장이 중심을 이룹니다.

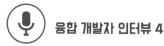
천문우주학과를 나와서
개발자로 일한 지
14년 됐습니다!

이름	박연구
전공	천문우주학
경력	현재 근무하는 IT 회사
현재	SI와 R&D 개발 IT 회사(15년 차)

자기소개 부탁합니다.

저는 SI와 R&D 개발 용역을 위주로 하는 IT 회사 개발부 부장 박연구입니다.

학부 전공은 무엇인가요?

학부에서는 천문우주학을 전공했습니다.

코딩은 언제 접해 보았나요?

대학 2학년 전산천문학 시간에 현재 다니는 회사 대표님께서 오셔서 강의해 주셨습니다. 그때 코딩을 처음 해봤습니다.

코딩을 접하면서 흥미를 느꼈나요?

그동안 이론으로 배웠던 천문학과 관련해서 수치 계산과 이미지 프로세싱을 했는데 재밌었습니다.

코딩 관련해서 국비 교육을 받아 보았나요?

그 당시에는 그런 교육이 있는지조차 몰랐습니다.

컴공으로 석사 학위를 취득하셨는데, 어떤 계기가 있었나요?

저는 IT 비전공자이고, 학원을 다니거나 체계적인 정규 과정을 밟아 본 적이 없기에 갈증을 느꼈는데, 마침 기회가 생겨서 공부하게 됐습니다.

개발에서 어떤 점이
재밌던가요?

개발에서는 배울 것이 끊임없이 생깁니다. 그래서 몰랐던 것을 알아 간다는 점이 재밌습니다.

면접관 입장에서
서류에서는 어떤 부분을
확인하나요?

서류에서는 포트폴리오, 그리고 구체적인 수행 과정과 이슈를 해결한 경험 등을 중요하게 생각합니다.

면접에서는
어떤 부분을 확인하나요?

면접에서는 동료들과 잘 어울릴 수 있는지, 커뮤니케이션에 문제가 없는지 등을 보고 있습니다.

코딩 테스트가
크게 중요할까요?

코딩 테스트는 문제 해결 능력을 중심으로 해결 방법을 설명하는 것과 커뮤니케이션하는 과정을 살펴봅니다.

커뮤니케이션을
중요하게 보는군요?

개발자는 혼자 일할 수 없으니까요. 여러 명이서 함께 일할 때 자신이 만든 기능을 설명할 수 있어야 하고, 글쓰기 등을 해야 하기 때문에 그렇습니다.

마지막으로,
비전공 학생들에게
해줄 조언이 있다면요?

프로그래밍 언어는 정말 깊이 알아야 한다고 강조하고 싶습니다. 개발자라면 결국 기본인 프로그래밍 언어를 탄탄하게 갖춰야 한다는 것입니다.

들어가며(00장) ICBM+AI 시대를 준비하는 개발자를 위해!

- **그림 0-4** 취업 정보 플랫폼(사람인, 잡코리아, 워크넷 각 사 취합), 2024. 02. 13.

01장 개발자가 되고 싶은데, 정보가 없어요!

- **표 1-1** 고용노동부 보도자료, 2023. 08. 31., https://www.moel.go.kr/news/enews/report/enewsView.do?news_seq=15458
- **표 1-2** 대학지성, 2023. 01. 28., https://www.unipress.co.kr/news/articleView.html?idxno=7795
- **표 1-3** 대학지성, 2023. 01. 28., https://www.unipress.co.kr/news/articleView.html?idxno=7795
- **표 1-4** 서울과학기술대학, https://gsp.seoultech.ac.kr/d_information/f_time/intellectual/introduce/
- **그림 1-1** 인쿠르트, 2024. 03. 29., https://m.incruit.com/jobdb_info/jobpost.asp?job=2309190000310
- **그림 1-2** 전자신문, 2021. 09. 29.,https://www.etnews.com/20210929000007
- **표 1-5** 전자공시시스템, 2023. 03., https://dart.fss.or.kr/
- **표 1-6** 전자공시시스템, 2023. 03., https://dart.fss.or.kr/
- **그림 1-3** 서울경제신문, 2023. 07. 24., https://m.sedaily.com/NewsView/29S98KFIYS/
- **표 1-7** 잰코 어소시에이츠, 2024. 03. 29., https://e-janco.com/salary.htm
- **표 1-8** 서울경제, 2021. 02. 01., https://www.sedaily.com/NewsView/22ID4T31JR
- **표 1-9** 이데일리, 2021. 02. 25., https://v.daum.net/v/20210225191734975?f=p
- **그림 1-4** 잡플래닛, 2022. 11. 09., https://www.jobplanet.co.kr/contents/news-3903
- **그림 1-9** JS/Linux, https://bellard.org/jslinux/vm.html?url=alpine-x86.cfg&mem=192
- **그림 1-11** OneCompiler, https://onecompiler.com/mysql
- **그림 1-16** 네이버, https://www.naver.com/

03장 ICT 분야로 진출하려면 이렇게 준비하세요!

- **표 3-1** 에듀동아, 2023. 06. 12., http://m.edu.donga.com/news/view.php?at_no=20230612 143530697489
- **그림 3-1** 동아일보, 2022. 08. 23., https://www.donga.com/news/Society/article/all/20220822/115093902/1
- **그림 3-2** 잡코리아, 2021.01.13., https://www.jobkorea.co.kr/goodjob/tip/view?News_No=18590&schCtgr=120003&Page=1
- **그림 3-3** K-무크, https://new.kmooc.kr/
- **그림 3-4** 이지스퍼블리싱 유튜브 강의, https://www.youtube.com/@easyspub
- **그림 3-7** 고용노동부 직업훈련포털 HRE-Net, https://www.hrd.go.kr/
- **그림 3-8** 고용노동부 직업훈련포털 HRE-Net 국민내일배움카드 훈련과정, https://www.hrd.go.kr/hrdp/ti/ptiao/PTIAO0300L.do?pageId=2&bgrlInstYn=undefined&kDgtlYn=undefined&_csrf=3969e5df-972a-4590-a736-1a262fc2e105
- **그림 3-9** 대한상공회의소 인력개발사업단, https://www.korchamhrd.net/
- **그림 3-10** 엘카데미, https://academy.elice.io/explore
- **그림 3-12** 한국산업인력공단 Q-Net, https://www.q-net.or.kr/man001.do?gSite=Q
- **그림 3-13** 한국산업인력공단 Q-Net 국가기술자격시험, https://www.q-net.or.kr/crf005.do?id=crf00505&jmCd=1320
- **그림 3-14** FETV, 2022. 09. 01., https://www.fetv.co.kr/news/article.html?no=123589
- **그림 3-15** 카카오, https://tech.kakao.com/careers/
- **그림 3-16** 라인, https://engineering.linecorp.com/ko/blog/2019-firsthalf-line-internship-recruit-coding-test
- **그림 3-17** 프로그래머스 스쿨, https://school.programmers.co.kr
- **그림 3-18** 서울과학기술대학교, https://gsp.seoultech.ac.kr/d_information/f_time/intellectual/introduce/
- **그림 3-21, 22** 미리캔버스, https://www.miricanvas.com

04장 자고 일어나면 생겨나는 ICT 신기술 이해는 필수!

- **그림 4-1** LG전자 LG ThinQ, https://www.lge.co.kr/lg-thinq
- **표 4-1** 테크월드뉴스, 2020. 05. 11., https://www.epnc.co.kr/news/articleView.html?idxno=96176
- **그림 4-2** vDesk.Works, 2021. 01. 08., https://vdeskworks.com/BlogDetails/DaaS-SaaS-PaaS-IaaS
- **그림 4-3** Melon, https://www.melon.com/chart/index.htm
- **그림 4-10** 대한민국의학한림원, https://www.namok.or.kr/webzine/202106/sub2_2.php

- **그림 4-11** 루닛 인사이트 CXR, https://www.lunit.io/ko/products/cxr
- **그림 4-13** 애플 비전프로, https://www.apple.com/apple-vision-pro/
- **그림 4-14** 디지털투데이, 2017. 10. 20., https://www.digitaltoday.co.kr/news/articleView.html?idxno=112493
- **표 4-6** 디지털투데이, 2017. 10. 20., https://www.digitaltoday.co.kr/news/articleView.html?idxno=112493
- **그림 4-15** ETRI, 2019. 03., https://www.etri.re.kr/webzine/20190329/sub01.html
- **그림 4-16** 행정안전부 모바일 신분증, https://www.mobileid.go.kr/mip/hps/main.do
- **표 4-9, 그림 4-19** 에스코어, 2022. 10. 06., https://s-core.co.kr/insight/view/디지털트윈-빅데이터를-눈-앞에-펼치다-2편/
- **그림 4-18** Uses of Virtual Singapore 유튜브, https://www.youtube.com/watch?v=y8cXBSI6o44
- **표 4-10** AI타임스, 2023. 3. 29., https://www.aitimes.com/news/articleView.html?idxno=150059
- **그림 4-21** 모두싸인(Modusign), 2022. 07. 01., https://blog.modusign.co.kr/insight/22_digital-transformation

한글

파이썬 프로그래밍을 기초부터 정식으로 배우고 싶다면?

Do it!
점프 투 파이썬

4년 동안 압도적 1위!
위키독스 누적 방문 200만!
검증은 이미 끝났다.

초보자의 마음을 가장 잘 이해하고
프로그래밍의 재미를 알려 주는 책

난이도 ●○○
박응용 지음 | 22,000원

Do it!
파이썬 생활 프로그래밍

뼛속까지 문과생인 지리학 박사가 집필한
파이썬 생활 프로그래밍 책!

웹 크롤링부터 데이터 분석까지,
11가지 프로그램을 내 손으로 직접 만든다!

난이도 ●●○
김창현 지음 | 24,000원

웹 프로그래밍을 기초부터 시작하고 싶다면?

Do it!
HTML+CSS+자바스크립트
웹 표준의 정석

웹 분야 1위! 그만한 이유가 있다!
키보드를 잡고 실습하다 보면
웹 개발의 3대 기술이 끝난다!

난이도 ●○○
고경희 지음 | 30,000원

Do it!
모던 자바스크립트
프로그래밍의 정석

한 권으로 끝내는 웹 개발 교과서
자바스크립트의 최신 문법부터
네이버, 카카오 API를 활용한
실무까지!

난이도 ●●○
고경희 지음 | 36,000원

Do it!
자바스크립트
+제이쿼리 입문

프런트엔드 실무 교육
경력 10년 차 강사가 엄선한
155개 예제로
기본부터 실무까지 배운다!

난이도 ●●○
정인용 지음 | 20,000원

Do it!
프런트엔드 UI 개발
with Vue.js

프런트엔드 UI 개발의 전체 과정을
실무 프로젝트로 배운다!
반응형 디자인, 데이터 바인딩, 라우팅까지!
싱글 페이지 애플리케이션 만들기

난이도 ●●●
김윤미 지음 | 25,000원